Tatsachenberichte
über Engel & Naturwesen

suraya-buecher.de

Buch

Glauben Sie an Engel? Glauben Sie an die Existenz von Elfen, Feen und anderen Naturwesen? Was, wenn es sie tatsächlich gibt?

Dank dieser Sammlung zahlreicher Tatsachenberichte erfahren Sie nicht nur, dass Engel & Naturwesen tatsächlich existieren, sondern auch, dass Sie einen ganz normalen und unspektakulären Umgang mit diesen wunderbaren Wesen pflegen können. Über 20 Personen aus verschiedenen Ländern berichten von ihren Begegnungen mit diesen wunderbaren feinstofflichen Wesen. Wir erfahren, wie der bewusste Kontakt zu Engeln & Naturwesen unser Leben bereichern kann.

Herausgeberin

Als Freiraumplanerin und Alpha Chi Consultant (Feng Shui Beraterin) gestaltet Suraya Gärten und Freiräume, die zum Wohlfühlen einladen, www.suraya-la.com. Seit 2008 schreibt sie spirituelle Ratgeber u.a. über Engel, Naturwesen und Achtsamkeit. Weitere Informationen zu ihren Büchern erhalten Sie auf ihrer Website www.suraya-buecher.de. Seit 2010 lebt Suraya in der Schweiz am Lago Maggiore.

von Suraya außerdem bei BoD

Glücklich SEIN
mit Engeln leben
mit Naturwesen leben

Suraya

Tatsachenberichte
über Engel & Naturwesen

Über 20 Personen berichten von ihren
Erlebnissen mit feinstofflichen Wesen

Bibliografische Information der Deutschen Nationalbibliothek: Die Deutsche Nationalbibliothek verzeichnet diese Publikation in der Deutschen Nationalbibliografie; detaillierte bibliografische Daten sind im Internet über http://dnb.d-nb.de abrufbar.

© 2010

Herstellung und Verlag: Books on Demand GmbH, Norderstedt

Umschlaggestaltung: Suraya
Umschlagmotiv: Fotolia.com © Clara Dinand

ISBN: 9783842334847

Inhalt

9 Einführung

11 Mit Engeln und Naturwesen leben

19 Tatsachenberichte über Engel
20 Engel *Beate Sugg-Kastner*
23 Wie lebt es sich mit Engeln? *Heidemarie*
25 Mein Engel im Alltag *Heidemarie*
28 Begegnung mit einem Engel *Nirr*
30 Mein Engelerlebnis *Esther Bräutigam*

33 Tatsachenberichte über Naturwesen
Baumwesen
35 Die Stimme der Deva *Suraya*
38 Erste Hilfe für eine Deva *Suraya*
41 Bäume und ihre Lebendigkeit *Benira Niederberger*
44 Bäume - unmittelbare Heilung *Benira Niederberger*
48 Deva im Peryar National Park *Joanka Stevan*
49 Der letzte Wunsch eines Deva *Joanka Stevan*
50 Meine erste Erfahrung mit Devas *MaRa Eikermann*
Elfen
53 Elfen-Morgen *JyotiMa Flak*
54 Mein Glücksklee *Galicia*
56 Unterwegs *Ambika Christen*

Zwerge
60 Mein erster Kontakt mit Naturwesen *Yona*
66 Feenpark Heltdorf *Yona*
70 Achtsamkeit *Irshta Rahmann*
73 Begegnung mit einem Zwergenkönig *Surja*
76 Erlösung der Burgen in Ribeauvillé *Sera Ma Gallifa*
79 Feng Shui *JyotiMa Flak*
80 Happy *Ambika Christen*

Wichtel
85 Meine Wichtel daheim *Urana*
86 Abseits der bekannten Wege *Jörg Schreiber*

Kobolde
93 Mein Erlebnis mit den Naturwesen! *Heidemarie*

Gnome
99 Gnome *Steffi*

Steinwesen
103 Die Bergkristall-Kugel *Darta Molitor*

Drachen
109 Muck der Drache *Yona*

Einhörner
113 Erste Begegnung mit dem Einhorn
Benira Niederberger
116 Einhörner *Crosis Eidenschink*

Naturwesen allgemein
119 Das Mondritual *Yona*
123 Naturwesen, meine Bambinos *Mandarin*
125 Das Erwachen der Wesen *Mandarin*
127 Die Elementarwesenwelt in Freiburg
Andreas Lohmann

145 Tore zur Anderswelt

146 Märchenhafte Begegnungen oder Realität?
Jörg Schreiber

151 Baumtempel *Ambika Christen*

153 Avalon ist ein Ort in der 5. Dimension
Durga Holzhauser

158 Marienplatz mit Marienengel *Suraya*

165 Danksagung

167 Anhang

Einführung

Eines Tages entdeckte ich eine Wichtel-Familie in meiner Wohnung. Sie überbrachten mir die frohe Botschaft Ratgeber über Engel und Naturwesen zu schreiben. Dadurch erkannte ich meine Aufgabe, Menschen zu inspirieren mit Engeln und Naturwesen Kontakt aufzunehmen, um sich selbst und die Natur zu heilen. 2008 entstanden die beiden Bücher „mit Naturwesen leben" und „mit Engeln leben", erschienen im BOD-Verlag. Ein weiterer Ratgeber mit Anleitungen zum Leben und Arbeiten mit Engeln und Naturwesen soll folgen.

Indem wir bewusst mit Engeln und Naturwesen in Kontakt treten, können wir am großen Werk Gottes teilhaben die Schöpfung zurück ins Paradies zu führen. Engel und Naturwesen leben in unterschiedlichen Welten, nur in unserem Licht der Liebe ist ihre Begegnung möglich. Einige dieser Wesen fühlen sich berufen, mit uns Menschen zusammenzuarbeiten, um Heilung zu bewirken.

Die vorliegende Sammlung an 39 Tatsachen-berichten ermöglicht Ihnen einen kleinen Einblick in feinstoffliche Welten. Ich hoffe, unsere Geschichten bestärken Sie im Glauben an die Existenz von Engeln & Naturwesen und motivieren Sie darüber hinaus selbst Kontakt aufzunehmen. Viel Spaß beim Lesen!

Wenn Sie bereits selbst interessante Erfahrungen mit Engeln oder Naturwesen gemacht haben und davon berichten möchten, können Sie gerne **am nächsten Mitmach-Buch teilnehmen**. Nähere Informationen finden Sie unter der Kategorie „Tatsachenberichte" im Internet auf meiner Website **suraya-buecher.de**.

Mit Engeln und Naturwesen leben

Es war Mitte 2008 als ich feststellte, dass bei mir zu Hause eine Wichtelfamilie wohnt. Kurz zuvor hatte ich einen Kobold, den ich in unserem Garten entdeckte, eingeladen mich täglich zu begleiten. Kobi, wie ich ihn nenne, ist immer zu einem Späßchen bereit und wenn ich mich auf ihn einlasse, bringt er mich in null-Komma-nix zum Lachen. Die Wichtelfamilie kam damals mit der frohen Botschaft, ich sollte Ratgeber über Engel & Naturwesen schreiben. Ich war ziemlich irritiert. Nicht nur, weil ich das Schreiben nicht gelernt hatte, sondern weil sich meine Wahrnehmung der Wesen noch im Anfangsstadium befand. Ich folgte ihrer Bitte und dem Ruf meines Herzens, das mich deutlich spüren lies, dass dies mein Weg war.

Schon einige Zeit zuvor, begann ich Engel bewusst in mein Leben einzuladen. Seit der Ausbildung zum Karuna Malachem Engel-Berater (Karuna Malachem - Heilen mit der Liebe und dem Licht der Engel, www.karuna-malachem.com), von der ich den ersten Block absolvierte, arbeite ich bewusst mit Engel-Energien zu meiner Selbstheilung und zur Erd- und Landschaftsheilung. Seit ich Kobi in mein Leben einlud und dem Einzug der Wichtel in meine vier Wände, habe ich zusätzlich täglich Kontakt zur Welt der Naturwesen. Man kann sagen, ich lebe mit Engeln und Naturwesen. Für mich ist der

Umgang mit ihnen ganz natürlich. Wir sind eine Familie, es sind meine Freunde. Ich vermisse meine Naturwesen, wenn sie im Urlaub nicht an meiner Seite sind und freue mich, zurückgekehrt, wieder ihre Energien um mich zu spüren. Es gibt Zeiten, da ist mein Kontakt stärker und ich spüre sie intensiver. Es gibt aber auch Zeiten, da vernachlässige ich sie und meine Wahrnehmung verschlechtert sich. Es bedarf der Pflege des Kontakts und oftmals habe ich ein schlechtes Gewissen, dass ich mir nicht mehr Zeit nehme ihnen zu zuhören. Zu fragen, wie es ihnen geht, was sie sich wünschen, ob sie eine Botschaft für mich haben...

Es besteht die Gefahr, dass wir nur oberflächlich mit Engeln und Naturwesen in Kontakt treten. Dass wir uns allzu schnell wieder von alltäglichen Dingen ablenken lassen. Wie intensiv wir sie wahrnehmen, hängt auch davon ab, wie gut es uns gelingt im gegenwärtigen Moment zu sein. Sind wir hundertprozentig hier und jetzt, dann gibt es keine Zeit. Es gibt nichts, dass uns drängt, keine scheinbar wichtigen Arbeiten, die darauf warten erledigt zu werden. Denn dann ist der gemeinsam verbrachte Moment, in dem wir das Tor durchschreiten und uns in einer anderen Welt mit den Wesen treffen, das Wichtigste das gerade ansteht.

Sobald ich morgens erwache, danke ich meinen Engeln und Naturwesen, dass sie bei mir sind. Ich danke der geistigen Welt für all das Wunderbare, das bereits in meinem Leben ist und für all das Schöne, das mir an diesem Tag begegnen wird.

Es gibt einige Engel, die ich für bestimmte Aufgaben engagiert habe. So gibt es zum Beispiel einen Kindermädchen-Engel. Wenn ich morgens in meiner Meditation feststelle, dass mein inneres Kind ängstlich ist, dann rufe ich diesen Engel. Über mein Herzchakra tauche ich ein, in einen Garten, in dem mein inneres Kind lebt. An solchen Tagen, liegt es zusammengekauert auf seinem Bettchen in einer Hütte aus Laub und Geäst. Ich nehme mir Zeit, um es im Arm zu wiegen, ihm übers Haar und die Wange zu streichen. Nach ein paar Minuten springt es dann wieder glücklich in der Landschaft umher und jagt bunte Schmetterlinge. Das ängstliche Gefühl, das ich als leichten Schmerz im Herzchakra spürte, ist dann verschwunden. Trotzdem bitte ich meinen Kindermädchen-Engel an diesem Tag meine Kleine zu begleiten, sich um sie zu kümmern und zu stärken.

An manchen Tagen bitte ich um Unterstützung meines Tagesengels. Ich frage ihn um Rat, wie ich am besten meinen Tag einteilen sollte, um effektiv zu handeln. Gemeinsam erstellen wir einen Zeitplan, das ist sozusagen modernes Zeitmanagement. Unser Tagesengel ist bestens informiert über unsere Tagesverfassung und alle Zusammenhänge unseres Lebens. Er weiß genau, was wir an jenem Tag effektiv abarbeiten können. Wenn ich einmal den Überblick verliere, sagt mir mein Tagesengel welche Arbeiten am dringendsten anstehen, was zuerst erledigt werden sollte oder was überhaupt zu tun ist. Nicht selten kam es in der Vergangenheit vor, dass ich mich um unwichtige Dinge zuerst kümmerte und dadurch unnötig Stress hatte.

Ich rufe Engel zu unterschiedlichen Themen. Wenn ich meine Ruhe brauche, dann helfen sie mir, dass ich ungestört bin und mich niemand anspricht. Wenn ich mir Kritik von der Seele reden möchte, was mir nicht leicht fällt, bitte ich sie mir zu helfen den passenden Moment zu finden. Bisher ergaben sich ausnahmslos Situationen, in denen ich entspannt und natürlich meine Kritik anbringen konnte und mein Gegenüber empfänglich für meine Worte war.

Nachdem ich den Tatsachenbericht von Heide gelesen hatte, in dem sie von ihrem Engel erzählt, der ihr beim Shoppen half, probierte ich es sofort aus. Ich bin total begeistert, es funktionierte super. Intuitiv fand ich schnell Kleidung und Schuhe, die perfekt passten, exakt zum Preis, den ich ausgeben wollte.

Bald gehe ich wieder auf Reisen, auch dabei werde ich mir Unterstützung der Engel holen. Im Prinzip können sie uns bei allem Möglichen helfen, wir müssen nur kreativ sein und sie bitten. Sie brauchen unseren liebevollen Befehl, um sich in Bewegung zu setzen.

Seit langem schon, benutze ich keinen Wecker, ich lasse mich von den Wasser-Elementarwesen oder von meinem Schutzengel wecken. Unsere Seele liebt es sanft geweckt zu werden, daher kommt es oft vor, dass man kurz vor dem Wecker wach wird. Eine Karaffe gefüllt mit Wasser neben das Bett stellt, ersetzt den Wecker. Über das Wasser verbinden sich die Wasserwesen mit uns. Sie beobachten unseren Schlafrhythmus, passen unsere Träume ab und wecken uns rechtzeitig. Vor dem Einschlafen bitte ich sie mich rechtzeitig oder zu einer bestimmten Zeit zu wecken. Werde ich nicht oder zu spät geweckt, dann hatte es seinen Sinn. Das Wecken war überflüssig und mein Schutzengel hatte sich mit den Wasserwesen abgesprochen.

Mein Kobold begleitet mich wo immer ich bin und bringt mich zum Lachen, wenn ich mich auf ihn einlasse. Dann sitzt er auf meiner Schulter, auf meinem Kopf oder springt auf den Gepäckträger meines Fahrrads. Zu Hause bewegt er sich frei und tollt in der Wohnung umher.

Für Wichtel-Papa Alfons habe ich ein Extra-Bodenkissen reserviert, dort darf sich niemand anderes hinsetzen, denn schließlich sitzt ja er dort. Bevor ich Texte schreibe, stelle ich einen Stuhl bereit und bitte Alfons darauf Platz zu nehmen und mich zu unterstützen. Ich zünde eine Kerze an, begrüße den Salamander, verbinde mich mit seiner Energie und bitte ihn, uns während der Arbeit seine Leidenschaft und sein Feuer zu schenken. Bevor ich die Kerze ausblase, bedanke ich mich für seine Hilfe und bitte ihn Mutter Erde zu grüßen.

Wenn ich es nicht vergesse, gebe ich meinen Wichteln an Feiertagen frei. Dann öffne ich ihnen die Haustüre und sie besuchen ihr Volk, von dem sie einst kamen, um rauschende Feste zu feiern. Darüber freuen sie sich riesig und ich merke, wie sehr sie mir ans Herz gewachsen sind, wenn sich dann die Wohnung leer und unbelebt an fühlt.

Oft frage ich meine Wichtel-Mama Maria beim Kochen um Rat. Danach bekommen Wichtel und Kobold fast täglich eine kleine Gabe auf einem extra Tellerchen. Vernachlässige ich das, wollen sie sich oftmals über mein Essen her machen. Das bedeutet, wenn sie es „essen", entziehen sie den Nahrungsmitteln die für uns wichtige Energie. Ich bin gespannt, ob ich ihnen nun lebenslänglich eine Opfergabe bereitstelle oder ob sie sich das Naschen allmählich abgewöhnen. Nicht nur die

Asiaten opfern den Geistern fertig zubereitete Speisen, Obst oder andere Nahrungsmittel, warum also nicht auch ich.

Ein Mal wöchentlich kaufe ich auf dem Markt frische Blumen oder besorge blühende Zweige aus der Natur. Es ist schön zu spüren, dass dann meistens auch Elfen mitkommen, denn eigentlich leben sie ungern in geschlossenen Räumen.

Und alle miteinander wollen sie, dass ich viel öfters mit ihnen tanze und sind überglücklich, wenn ich es endlich wieder tue. Daran haben sie mich gerade erinnert. Mal sehen, vielleicht sollte ich mich heute Abend zu einem Tänzchen überreden lassen. Alfons meint begeistert: „Ja, ja, ja, dann werden auch deine Füße wieder warm!".

Suraya aus CH-Brione s/M. Freiraumplanerin, Alpha Chi Consultant, Autorin, www.suraya-la.com. Arbeitsschwerpunkte: Gartengestaltung mit energetischem Feng Shui, Landschaftsheilung.

Tatsachenberichte über

Engel

Engel

Viele Menschen können von Erfahrungen mit Engeln berichten. Manche erzählen von rettenden Begegnungen mit Engeln in Menschengestalt, andere machten tiefgreifende Erfahrungen mit Licht- oder Energieerscheinungen.
Wer einmal eine solche Erfahrung gemacht hat, wird nie mehr an ihrer Existenz zweifeln.

In allen Weltreligionen spielen Engel eine Rolle – es gab sie immer und es wird sie immer geben. Sie erfüllen unterschiedliche Aufgaben im Namen des Göttlichen. Dabei ist ihr Auftreten zuweilen spektakulär, meist aber sachte, kaum merklich, oftmals von uns unbemerkt. Sie unterstützen das Eintreten von „glücklichen Fügungen", unerwarteten „Zufällen", „rettenden Einfällen" und „intuitiven Eingebungen".

Wenn sie anwesend sind, ist ihre Energie deutlich spürbar: eine stille, friedliche Atmosphäre entsteht, manchmal scheint sogar der Raum heller zu werden. Draußen, in der Natur sind es diese „speziellen Momente", wenn wir selber ganz still werden und nur noch dem Wind oder den Vögeln zuhören und sich dann, ganz unvermutet, ein Schmetterling zu uns setzt oder die alte Heckenrose am Gartenrand uns zuwinkt...

Ich erinnere mich an den kleinen Sohn einer Freundin, der, damals 2jährig ein echter Wirbelwind war, der unermüdlich Schränke ausräumte, herumtollte, stets neue Ideen in die Tat umsetzte und auf diese Weise seine Mutter und die gesamte Familie auf Trab hielt. Zur Entlastung aller nahm ich ihn mit in den Garten und erlebte Erstaunliches. Der kleine Welteroberer kletterte zu mir auf die Gartenbank und blieb dort lange Zeit fast unbeweglich mit gespitzten Ohren. Er war verzaubert vom Gesang der Vögel, lauschte fasziniert und wirkte völlig verklärt. Engelsbesuch.

Wir alle können jederzeit mit Engeln in Kontakt treten. Es ist nicht erforderlich, sich hierzu kostspielig beraten oder unterrichten zu lassen. Es bedarf lediglich eines zur Ruhe kommens, still werdens, Zeit gebens. Es braucht auch etwas Übung, das Gedankenkarussell beiseite zu schieben und dem eigenen Herzen zuzuhören. Es lohnt sich, diese

Geduld aufzubringen, denn Rat und Unterstützung aus dieser Quelle sind von unbezahlbarer Qualität für uns selbst und zum Wohle aller.

Dennoch möchte ich eines nicht unerwähnt lassen: Engel helfen gerne, wenn wir sie um Unterstützung bitten, sofern unser Wunsch im Einklang mit dem göttlichen Willen und unserem Lebensplan steht. Entscheidungen treffen und handeln müssen wir aber selbst! Wir haben einen freien Willen und damit auch Verantwortung für unser Denken, Fühlen und Handeln.

In diesem Sinne Wünsche ich uns allen viele freudvolle Engelsbegegnungen!

Beate Sugg-Kastner aus D-Schwirzheim, Schamanin, Gestalttherapeutin, Autorin, www.beatesugg-kastner.de.

Wie lebt es sich mit Engeln?

Engel geben einem ein wunderbares Gefühl der Geborgenheit, des Friedens mit Allem was ist und der Harmonie.

In den letzten beiden Jahren der Grundschule hatte bereits eine wundervolle Religionslehrerin die Neugierde auf Engel geweckt, aber viele Jahre mussten vergehen bis ich sie in mein Leben eingeladen habe.

In schwierigen Situationen habe ich angefangen an sie zu denken, sie um Unterstützung zu bitten und ihnen, vor allem wenn ich das Gefühl hatte ihren Beistand erhalten zu haben, zu danken. Immer mehr wurden sie Bestandteil in meinem Leben und heute stehe ich mit meinen Engeln auf und gehe mit ihnen zu Bett.

Ich habe in den vergangenen zwölf Jahren mehrere Reisen alleine unternommen und da wurde mir das wunderbare Gefühl zuteil, wie sehr sie mich unterstützten.

Von Quartiersuche angefangen, über nützliche Hinweise, über Hinführung zur rechten Zeit an den rechten Ort, über schönes Wetter und Schutz und Segen in allen Bereichen, erlebte ich ihre volle Unterstützung.

Viele negative Dinge, die durchaus im Erfahrungs-
bereich lagen, wurden von mir ferngehalten. Sei
es, in einen Unfall verwickelt zu werden oder, wie
es mir in Stockholm widerfuhr, mit einer inneren
Warnung vor einer Situation bewahrt zu werden,
die mir einen Kontakt mit der Polizei und viel Ärger
eingebracht hätte.

Mein „Höhepunkt" war dann 2007, als ich durch
meine Tochter mit Sharam und ihrem Angel of
Light Center (www.aolc.co.uk) in Kontakt kam.
Da habe ich, nach einer wundervollen Wanderwo-
che in den Western Highlands, in Edinburgh Station gemacht und den „Angel Workshop" besucht.
In geführten Meditationen wurden wir mit vielen
Engeln „bekannt" gemacht und erhielten von ihnen
wundervolle Geschenke, die Jeder für sich in seinem persönlichen Leben anwenden kann.

Es bedarf einer täglichen Hinwendung, die im Laufe
der Zeit aber zur Selbstverständlichkeit wird. Ich
kann es nur Jedem von euch wärmstens ans Herz
legen.

Licht und Liebe,
von Herzen, Heidemarie

*Heidemarie aus A-Villach. Bin einfach „nur" Hausfrau und
Mutter von vier wundervollen Wesen!*

Mein Engel im Alltag

Immer wieder überrascht es mich, bei welch simplen Dingen uns Engel unterstützen können. So erlebe ich ihre Dienste in vielerlei Belangen und bin immer wieder dankbar dafür.

Vor etwa einem Monat erhielt ich eine E-Mail von Facebook, in der mir mitgeteilt wurde, dass aus Sicherheitsgründen mein Username und Passwort geändert wurden. Ich wurde darum aufgefordert, mittels angehängtem Link mein neues Passwort anzufordern. Mich hat es zwar etwas verwundert, da ich erst seit kurzem auf Facebook angemeldet war, aber ich habe mir nichts Schlimmes dabei gedacht. Kommt davon wenn man so gutgläubig ist.

Aber..... ich konnte meinen Engel fast physisch fühlen und ich wurde mit einer so starken Vehemenz davon abgehalten, diesen Link anzuklicken. Ich habe diese Mail in den Spam-Ordner verfrachtet, um mich erst mal mit meiner Tochter darüber auszutauschen. Sie war darüber informiert und hat nur gesagt: „Gott sei Dank, dass Du diesen Link nicht angeklickt hast, das hätte Dir nur Ärger eingebracht!" Das hätte mir gerade noch gefehlt: Ärger am PC, das bringt mir nur schlaflose Nächte.

Doch die Engel sorgen auch für Freude!

Am Osterwochenende wurde ich zum Fernsehen „verführt." Da ich vorhatte, zu lesen, habe ich mich nicht über die Inhalte der diversen Sender informiert. Mein Mann sah sich die Sportnachrichten an und verließ danach den Raum, was mich etwas überraschte. Ich blieb sitzen und sah den Beginn eines Filmes. Mein Mann guckte noch mal kurz rein und meinte: „Bist Du Dir klar darüber, dass der Film fast bis Mitternacht dauert?" Spaßeshalber meinte ich: „Ok, warum nicht, wenn es spannend wird?" Und es war spannend… und ich sah mein geliebtes Göteborg mit seinen Schäreninseln und war voll happy und hab es locker bis Mitternacht ausgehalten.

Doch das war noch nicht alles! Weiter ging es am Sonntag mit einem Film aus Finnland und am Montag gab es noch einen „Wallander" aus Ystad. Das war wie ein Skandinavien Urlaub………ein Oster- Geschenk der Engel.

Mein jüngstes Erlebnis:
Vor drei Tagen begleitete mich meine Nichte in ein Einkaufszentrum. Ich hatte von meinen Freundinnen zum Geburtstag Gutscheine bekommen, die ich verbrauchen wollte. Man weiß ja nie, wann die Geschäfte Pleite gehen…

Da ich es nicht ausstehen kann, von Kabine zu Kabine zu gehen, um Klamotten zu wechseln und dann womöglich nichts Passendes zu finden, habe ich einfach meine Engel zum Shopping eingeladen. Das war eine gute Idee! Meine Nichte war total überrascht, SIE wollte natürlich auch was Schickes ergattern, aber leider... zu groß, zu klein, zu teuer... Was soll ich sagen... Ich bin mit einem Hosenanzug aus Leinen 'rausmarschiert, der mir wie auf den Leib geschneidert war.

Also, meine Lieben, ich kann es nur immer wieder empfehlen: Tretet mit Eurem Engel in Kontakt! Er ist wahrlich eine Hilfe, er kennt unsere Schwächen und begleitet uns voller Liebe und Humor!

Heidemarie aus A-Villach. Bin einfach „nur" Hausfrau und Mutter von vier wundervollen Wesen!

Begegnung mit einem Engel

Es begann mit einer Meditation bei meiner Heilpraktikerin, die mich spüren ließ, dass da noch andere Wesen sind, die nicht unbedingt mit dem physischen Auge zu sehen sind. Nach dieser Meditation, die mich sehr begeistert hatte und mich doch irgendwie bewusster werden ließ, mit mir und mit meiner Umwelt zu kommunizieren, kaufte ich mir ein Buch über geführte Meditationen. Ich war so beeindruckt und motiviert, dass ich dachte: „Mmmh... dieser Kontakt mit dieser Energie, diesem Etwas... da muss noch mehr dahinter stecken und ich muss selber in der Lage sein, damit Kontakt aufzunehmen." In dem Buch über Meditationen gab es ein Kapitel, das hieß „Begegnung mit deinem Geistführer." Nicht lange gezögert, sprach ich die geführte Meditation auf einen Kassetten-recorder und spielte das Tape ab. Da saß ich nun an meinem Lieblingsplatz auf dem Sofa und beg-ab mich in diese Meditation, gesprochen von mir selbst auf einem Tape. Erwartungslos und jedoch freudig motiviert zeigte sich mir in dieser Meditati-on ein wunderschönes Engelwesen, das mir anbot, zu jeder Zeit an meiner Seite zu sein, mich in mei-nen Entscheidungen zu unterstützen, bereit, mir den Weg zu weisen. Des Weiteren war mir klar, dass ich dafür verantwortlich war, den Kontakt zu pflegen und meine Anliegen klar und deutlich dem Engelwesen darzulegen. Nach diesem so deutlich wahrzunehmenden Kontakt fühlte ich mich er-leichtert mit der Gewissheit, jederzeit jemanden an meiner Seite zu haben und unterstützt zu werden, ich musste nur darum bitten :-))))

Nirr aus N-Trondheim, Kristallheiler, Schamane, www.TheShamanicFirePath.com.

Mein Engelerlebnis

Vor 10 Jahren war ich eingeladen, im Haus einer Familie Feng Shui zu machen, was ich auch mit ganzer Freude tat. Ich durfte in diesem Haus übernachten und die kleine Tochter sagte zu mir: „Esther, du schläfst in meinem Zimmer, du darfst das." Ich war überrascht, dass sie mir ihr Zimmer überließ; das Mädchen war damals ca. 9 Jahre. Am Abend dann ging sie zu ihrer Freundin übernachten und ich durfte in ihr Zimmer. Ich fühlte mich so geborgen in diesem Raum, wie kaum zuvor wenn ich ausserhalb schlafe... Mitten in der Nacht oder schon mehr in den frühen Morgenstunden (ich weiß es gar nicht mehr so genau) erwachte ich und öffnete meine Augen und was stand neben dem Bett??? Ein wunderschöner, sehr grosser Engel ganz in weissem Licht! Ich schaute ihn an und spürte in mir nur noch Frieden und Liebe und eine unendliche Dankbarkeit, dass ich einen Engel mit bloßen Augen sehen durfte. Dann schlief ich wieder glückseelig ein. Jahre später ging dieses Mädchen dann zu Agni und fragte ihn, ob sie seine Schülerin werden könne und nach Ihrem spirituellen Namen. Sie bekam Ihren Namen „Sarina". Und sie ist ein Engel!!!

Esther Bräutigam aus I-Porlezza. Alpha Chi Consultant, Spirituelle Lehrerin, www.gioielli-di-esther.com. Arbeitsschwerpunkte: von Esther können wir den Mariasegen empfangen, Seminar zur Heilung der Shakti - der weiblichen Kraft in dir.

Tatsachenberichte über

Naturwesen

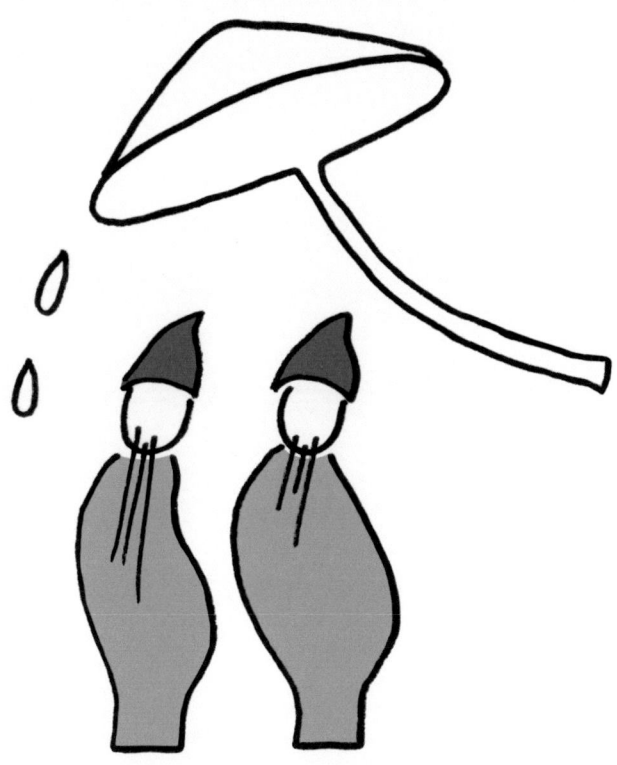

Baumwesen

Die Stimme der Deva

Sehr gerne erinnere ich mich an ein besonderes Erlebnis während meiner Ausbildung zum Alpha Chi Consultant (Feng Shui Berater) im Château Amritabha (www.amritabha.de).

Wir sollten intuitiv dem Ruf einer Pflanze folgen, die uns ihre Heilkräfte schenken wollte. Mich zog es in die Nähe des Kraftplatzes der göttlichen Mutter, der sich auf halber Höhe des Geländes, zwischen Château und Scheune befindet. Eine Reihe ausgewachsener Nadelbäume säumt dieses Plateau, begleitet von Sträuchern, die sich an die Böschung schmiegen. Einer davon schien mich zu rufen, so dachte ich. Am Abend, als ich mich mit einer Kollegin über diese Übung unterhielt, teilte sie mir zu meiner Überraschung mit, ich hätte ein Wesen übersehen, das nun sehr traurig sei und mich am nächsten Tag, zur Mittagszeit treffen wolle. Es sei eine kleine Elfe ...

Voller Erwartung und ein wenig nervös, betrat ich pünktlich das Plateau am Kraftplatz der göttlichen Mutter. Ich hatte Schwierigkeiten mich zu entspannen. Wo war nun das Piff und das Paff – die Erscheinung? Nichts rührte sich. Wen wundert es, erkannte ich im Stillen. Ich hatte jegliche Wahrnehmung, aufgrund meiner hohen Erwartung, im Keim erstickt.

Nichts wünschte ich mir sehnlicher, als eine intensive Wahrnehmung der feinstofflichen Wesen. Gleichzeitig stand ich jedoch innerlich auf der Bremse, denn ich hatte Angst etwas wahrzunehmen, das mich erschrecken würde.

Ich suchte mit offenen Augen, ich schaute mit geschlossenen Augen. Ich streckte meine Nase in den Wind und spannte meine Lauscher weit auf. „Wo bist Du?", rief ich innerlich. Nichts rührte sich. Wie bestellt und nicht abgeholt, stand ich da. Leicht verzweifelt, bis ich mich endlich daran erinnerte was ich bereits konnte. Energien mit den Händen zu spüren. Also begann ich meine kleine Elfe zu ertasten. Ich richtete mich auf den Strauch aus und fühlte. Meine Hände wanderten nach oben, weiter nach oben und nochmals weiter nach oben. Ich trat ein paar Schritte nach hinten und tastete das Energiefeld ab, das ich vor mir spürte. Inzwischen waren meine Arme bereits senkrecht, ausgestreckt über meinem Kopf. Der energetische Widerstand schob mich einige Meter nach hinten. Ich erkannte, das dies auf keinen Fall eine kleine Elfe war! In diesem Moment hörte ich eine laute Stimme mit meinen inneren Ohren: Deva! Dann geschah etwas Unglaubliches. Mein innerer Körper oder Lichtkörper schien vor Ehrfurcht auf die Knie zu fallen. Mein Verstand beobachtete diese Szene, Sekunden bevor mein physischer Körper der inneren Bewegung folgte und sich unkontrollierbar auf die Knie warf. Arme ausgestreckt nach vorn, Oberkörper gebeugt und den Kopf zur Erde gesenkt hörte ich die Worte: Deine Aufgabe ist es, uns zu helfen!

Wow, was für eine Situation! Niederkniend in Demut vor diesem mächtigen Wesen, fühlte ich mich so klein, wie noch nie. Klitzeklein. Zu mir sprach eine Deva, die einen der Nadelbäume belebte, die oberhalb der Sträucher standen.

Suraya aus CH-Brione s/M. Freiraumplanerin, Alpha Chi Consultant, Autorin, www.suraya-la.com. Arbeitsschwerpunkte: Gartengestaltung mit energetischem Feng Shui, Landschaftsheilung.

Erste Hilfe für eine Deva

An Heiligabend ging ich mit meiner lieben Freundin Urana durch den Heidelberger Wald spazieren. Wir schlängelten uns den Berg hinauf, unser Ziel war die Ebene des Bierhälder Hofs. Nebel begleitete uns und verlieh Wald und Ebene eine wunderschön mystische Stimmung. Insgeheim erhofften wir uns dort oben einen Glühwein und eine Vesper... Leider war die Gastwirtschaft geschlossen: Urlaubspause. Wir beschlossen wieder zu kommen, am besten, bei Schnee oder im Sommer. So trotteten wir mit hängendem Magen wieder bergabwärts   und träumten von Leckereien, die wir uns gleich zubereiten wollten. Ein paar Schritte nach den „Waldpiraten", einem Feriencamp der Deutschen Kinderkrebsstiftung, verließen wir den Waldweg und bogen auf einen schmalen Pfad ab, als Urana abrupt neben einem dicken abgesägten

Baumstumpf stehen blieb. Sie fragte mich, „Spürst Du das?". „Was spürst Du denn?", wollte ich wissen. Sie meinte, „Es fühlt sich an, wie ein schwarzes Loch, irgendwas saugt hier Energie. Heilung ist aber nicht angesagt, hab schon gefragt." Ich hielt inne, sammelte mich und hörte ein jämmerliches Rufen: „Hilfe, Hilfe, rette mich!" Ein Baumwesen, eine Deva, schrie um ihr Leben. Schon lange hatte sie ausgeharrt, wie wir sehen konnten. Ich ließ mir zeigen, welchen nahe gelegenen Baum sie in Zukunft beleben wollte und trug sie dorthin. Erschöpft, begann sie sich in ihrem neuen Zuhause auszubreiten, sie verströmte Trauer und Erleichterung zugleich. Ihre Traurigkeit berührte mich sehr, ich musste mir ein paar Tränen verkneifen...

Wie habe ich die Deva von A nach B gebracht, fragst Du Dich jetzt vielleicht? Ich verrate es Dir, damit auch Du bei diesen Wesen Erste Hilfe leisten kannst:
Zuallererst bittest Du Deine geistigen Helfer, um Schutz und Beistand. Dann lässt Du Dir zeigen, zu welchem Baum die Deva übersiedeln möchte. Prüfe, ob dort bereits eine Deva wohnt. Vielleicht schläft sie (im Winter), dann ist ihre Energie nicht so präsent. Verhandle gegebenenfalls mit Deiner Deva, bis ihr eine Lösung findet. Tu dies immer über Dein Herz und Deine Intuition, nicht mit dem Verstand. Lass Deine Liebe fließen und verbinde Dich darüber mit ihr. Falls Du ihre Energie zu stark

spürst (diese Dir unangenehm ist), soll sie ihre Energie zurücknehmen, damit Du sie (fast) nicht mehr spürst. Halte nun einen Stein oder Ast an ihren Baumstumpf oder alten, kranken Baum - daran kann sie sich festhalten. Wenn Du merkst, dass Deine Deva bereit ist, trage sie zum Baum ihrer Wahl und halte oder lege dort den Stein/Ast wieder an den Stamm, damit sie in ihr neues Zuhause einziehen kann.

Es gibt Baumwesen, die wichtige Aufgaben innerhalb eines Areals oder eines Landschaftstempels übernommen haben. Manchmal sind diese Wesen Jahrhunderte alt. Es ist wichtig, sie zu retten, wenn sie uns um Hilfe bitten. Vielleicht ist ihr Baum bedroht, alt und krank oder bereits zerstört. Wenn Du also nun eine Deva um Hilfe rufen hörst, dann schreite zur Tat und rette sie!

Suraya aus CH-Brione s/M. Freiraumplanerin, Alpha Chi Consultant, Autorin, www.suraya-la.com. Arbeitsschwerpunkte: Gartengestaltung mit energetischem Feng Shui, Landschaftsheilung.

Bäume und ihre Lebendigkeit

Als ich vor ein paar Jahren anfing mich intensiver mit den Bäumen und ihrer Heilkraft, Beniras Baum-Essenzen, auseinander zu setzen, entdeckte ich, wie ich ganz unbewusst schon seit meiner frühen Kindheit mit ihnen kommunizierte und verbunden war. Es fiel mir auf, wie ich, in der Schule beim Zeichenunterricht oder im Gestalten, immer wieder das Motiv wählte: einen Baum mit Sonnenuntergang. Oder bei unserer Hochzeit, als wir Bäume als Tischdekorationen bastelten, ein wunderschönes Baumbild in der Kirche aufhängten und den Baum als Leitfaden für diesen Tag nahmen. Oder ich als Kind, aufgewachsen auf einem Bauernhof, die die Landarbeit überhaupt nicht liebte, außer: bei den Bäumen z.B. Aeste zusammentragen, Früchte auflesen, Kirschen vom Baum pflücken, da war ich am glücklichsten oder einfach unter unserem großen Lindenbaum oder Nussbaum liegen und sein.

Heute ist der Kontakt ganz bewusst und tief geworden mit den Bäumen. Es gibt keinen Spaziergang mehr, ohne dass mich ein Baum anspricht, mir etwas mitteilt oder sich ganz einfach Heilenergie wünscht oder wir eine liebevolle Berührung haben. Manchmal zeigen sich mir die Hüterbäume und sie möchten wieder ans Licht angebunden werden und mit ihrer Aufgabe vertraut gemacht werden, damit sie dienen können mit all ihrer Schöpferkraft zum Wohle aller Wesen.

Heute ist es so, wenn ich meine Liebe ausdehne und die Baumwesen berühre, mit ihnen arbeite oder Landschaftsheilung mache; fangen unmittelbar die Bäume an sich zu melden; ein leichter Wind kommt auf und die Blätter oder Äste fangen an sich zu bewegen, zu rascheln, ja sie tragen ihre Energie dazu bei und sagen einfach liebevoll: wir sind mit dir. Anfänglich schaute ich mich um, ob jetzt allgemeiner Wind aufgekommen ist, doch stellte ich immer wieder fest es ist einfach punktuell in dem Naturstück oder Waldteil wo ich mit den Wesen zusammen arbeitete.

Immer wieder erlebe ich auch eine wunderbare Begrüßung, wenn ich in ein Waldstück eintrete. Die Bäume wenden sich mir zu und fangen manchmal an zu erzählen. Dabei stelle ich mich zu ihnen hin, öffne mein Herz, schliesse die Augen und werde ganz einfach eins mit ihnen. Heilsam, Liebevoll, Fordernd, Stille, Erkenntnisse.

Tiefe Dankbarkeit erschliesst sich in mir, wenn ich mit diesem Wesen Baum zusammenarbeiten darf. Einssein mit dem Göttlichen, verbunden mit Himmel und Erde. Leichtigkeit und Freude im Gleichklang mit dem Verwurzeltsein.

Es wird mir immer mehr ein Anliegen, Menschen dahin zu führen, dies alles in sich auch wieder zu entdecken, zu intensivieren. Denn unsere Bäume sind Lichtträger von einem unschätzbaren Ausmaß und Wert. Ich glaube zu wissen, dass viele Menschen sich der Aufgabe der Bäume noch nicht im ganzen Ausmaß bewusst sind. Jeden Tag wird es mir wieder bewusst gemacht, welche hingebungsvolle Liebe sie leben, nämlich dann, wenn ich unseren uralten Kirschbaum in unserem Garten betrachte.

In tiefer Verbundenheit und Liebe
Benira

Benira Niederberger aus CH-Lengnau BE, Alpha Chi Consultant, Ausbilderin zum Baumessenzen Berater www.baumessenzen.info, A-R-A Lichtzentrum www.a-r-a.ch. Arbeitsschwerpunkte: Das Wissen der Bäume erwachen lassen und weiterlehren. Baum-Essenzen, energetisches Feng Shui, Landschaftsheilungen.

Bäume - unmittelbare Heilung.

Wunderbares Erlebnis mit den Bäumen
Heute, am 15. Juni 2010, war ich wieder auf einer kleinen Joggingrunde, bei der ich des Öfteren durch den nahe gelegenen Wald laufe. Meine Tochter war bei mir und während des Laufens erwähnte ich, dass ich Kopfschmerzen hätte. Meine Tochter meinte ganz nebenbei und in einer Selbstverständlichkeit: „Lass dir doch von den Bäumen helfen." Da ich sehr nah mit den Bäumen verbunden bin und es für mich eigentlich keine Trennung zwischen ihnen und mir gibt, fallen mir solche Möglichkeiten überhaupt nicht mehr ein.

Also trat ich innerlich sofort in Verbindung mit den Bäumen und bat sie, mich zu unterstützen. Einen kurzen Augenblick zog ich noch eine andere Möglichkeit, um meine Kopfschmerzen zu lindern, in

Erwägung. Doch die Bäume machten mir auf dem inneren Weg augenblicklich klar, dass ich mit ihnen in einer so tiefen Verbindung stehe und es keinen Zweifel gäbe, dass sie mir nicht helfen könnten. Dies alles lief in einem ganz kurzen Zeitraffer bei mir ab.

Sofort richtete ich mich innerlich auf die Liebe und Hingabe der Bäume aus. Augenblicklich fingen die Bäume mit ihren Blättern an zu rauschen, so dass es wirklich ganz klar hörbar wurde. Ich spürte wie sie an meinem Nacken, wo der Schmerz saß, anfingen zu arbeiteten, es war hauptsächlich eine Tanne. Es war für mich physisch richtig fühlbar, so als ob ich operiert würde und mir jemand etwas aus dem Nacken entfernen würde.

Weitere Bäume, vor allem der Ahorn, legten ihre Blätter auf die Stelle des Nackens, es fühlte sich an wie Wundheilung. Es war die ganze Zeit ein Gefühl von einem „rundum-versorgt-werden." Ich brauchte nicht stehen bleiben, konnte weiter laufen und spürte, wie die Kopfschmerzen immer mehr nach-ließen. Es fühlte sich gerade so an, als ob ich von einem alten „Leiden" erlöst worden wäre.

Zu Hause setzte ich mich noch unter unseren großen, alten Kirschbaum und auch er stellte so-fort seine Möglichkeit an Heilung zur Verfügung. Die liebenden Energien der Bäume flossen den ganzen Abend und auch die Nacht über noch nach. Am anderen Morgen nahm ich eine ganz deutliche Veränderung in meinem Kopf wahr.

Natürlich war ich die ganze Zeit über mit meinem Herzen und der Liebe mit der geistigen Ebene der Bäume verbunden. Die ganze Zeit über floss eine unendlich tiefe Liebe zwischen den Bäumen und mir, sowie auch ein stetes Miteinander im Gespräch zu sein.

Zutiefst dankbar, berührt und immer wieder beeindruckt von dem unbeschreibbaren Wesen BAUM. Ich verneige mich zutiefst vor dieser göttlichen Schöpfung.

Ich erlaube mir hier eine Ergänzung zu dem beschriebenen Waldstück. Dies ist ein Wald, in dem ich in den letzten vier Jahren immer wieder Baumheilungsarbeiten gemacht habe und auch ein Bereich, welcher immer wieder in unsere Landschaftsheilungsarbeiten mit einbezogen wurde.

Benira Niederberger aus CH-Lengnau BE, Alpha Chi Consultant, Ausbilderin zum Baumessenzen Berater www.baumessenzen.info, A-R-A Lichtzentrum www.a-r-a.ch. Arbeitsschwerpunkte: Das Wissen der Bäume erwachen lassen und weiterlehren. Baum-Essenzen, energetisches Feng Shui, Landschaftsheilungen.

belebte Natur ⩘

Deva im Peryar National Park, Indien

Im Februar 2010 war ich mit meinem Partner im Peryar National Park unterwegs. Nebst vielen Vögeln und wunderbaren menschlichen Wesen, die uns im Park begegnet sind, begleitete mich eine besondere Energie, welche ich aber nicht gleich zuordnen konnte. Ich unterbrach die Konversation zwischen den „lustigen" feudvollen muslimischen Männern und meinem Partner und zog mich einfach etwas zurück. Ich schloss meine Augen und bat aus tiefstem Herzen „die Energie", sich mir im Aussen zu zeigen, welche ich in mir so stark spürte. Nach ca. einer Minute öffnete ich meine Augen und sah zum Himmel und siehe da, diese wunderbare Devi hat mir ihre Aufmerksamkeit geschenkt. Om Namah Shivaya

Joanka Stevan aus CH-Zug, Heilerin, www.bodyand-health.ch, Arbeitsschwerpunkte: energetisches Heilen.

Der letzte Wunsch eines Deva

Vor gut einem Jahr bin ich ins Haus meines Partners gezogen und der Garten hat mich von Anfang an fasziniert. Tolle Wesen sind mir in diesem kleinen Garten begegnet. Da ein hoher Baum sehr viel dem Wohnzimmer raubte, teilte mir mein Partner eines Tages mit, dass er den Baum schweren Herzens fällen sollte. Nun nahm ich mit dem wundervollen Wesen Kontakt auf. Zu meinem Erstaunen hatte er nur eine Bitte, nicht den ganzen Stamm zu schneiden, und dass er gerne neue Wesen in sich aufnehmen würde. Sein Wunsch war uns Befehl, obwohl wir nicht wirklich alles verstanden hatten. Nun, wir vertrauten, dass sich alles zeigen wird.

Den Baum ließen wir also schneiden von einem wunderbaren Menschen, der Holzschnitzer war... und siehe da... auch mit ihm sprach der Baum und auf seine Inspiration fanden zwei niedliche Füchse ein neues Zuhause. Om Namah Shivaya

Joanka Stevan aus CH-Zug, Heilerin, www.bodyandhealth.ch, Arbeitsschwerpunkte: energetisches Heilen.

Meine erste Erfahrung mit Devas

Es war etwa 1989, als wir in ein kleines, älteres Häuschen zogen, umgeben von einem etwas verwilderten kleinen Garten. Nach den ganzen Umbau- und Renovierungsarbeiten war der Garten in arge Mitleidenschaft gezogen worden. Viele Pflanzen waren entwurzelt und brauchten einen neuen Platz. Mir lagen besonders die Rosen am Herzen. Wunderschöne alte Minirosen. „Die wachsen nie wieder" waren die pessimistischen Aussagen um mich herum. Ich war aber der Überzeugung: „Die schaffen es." Also habe ich sie liebevoll wieder eingepflanzt, mit ihnen gesprochen und erklärt, was nun ihre Aufgabe sei und was ich für sie tun kann. Gleichzeitig damit, habe ich auch meine Margeritenbäumchen wieder in ihre Töpfe gepflanzt und auch mit ihnen über unsere verschiedenen Aufgaben gesprochen. Ich habe sie fleißig gegossen - meine Rosen und die Bäumchen - und mit ihnen gesprochen. Die meisten von ihnen waren ganz glücklich und sind fleißig gewachsen. Aber eine Rose und ein Bäumchen waren offensichtlich zu müde, um zu wachsen oder bekamen keine Energie. Was tun? Ich fragte Agni und er machte eine Rückführung mit mir zu den Naturwesen unseres Gartens. Da sprach ein Deva zu mir, der die Oberaufsicht hatte über allem, was mit meinem Garten zu tun hatte. Und er sagte mir: „Wenn Du auch mich ehrst und mir eine Schale mit frischem Wasser oder Tee mit Blütenblättern hinstellst - jeden Tag an eine bestimmte Stelle - dann werden Deine Pflanzen wachsen." Das war ja einfach. Also habe ich das sofort gemacht und über Nacht bekam mein Bäumchen neue Blätter und Blüten und meine Rose richtete sich auf. Und so beschützte dieser Deva meinen Garten und ich sorgte immer für ihn, so lange wir dort wohnten. Dies war lange bevor wir spirituelle Berater ausbildeten oder nur ahnten, welche Kommunikationsebenen mit anderen Wesen und Welten uns zur Verfügung stehen.

MaRa Eickermann aus USA-Gulfport, Ausbilderin für Alpha Chi Consultants und Spirituelle Lehrer, www.sunsetfortune.com. Arbeitsschwerpunkte: Neben ihren Ausbildungen können wir im Lichtzentrum Château Amritabha (www.amritabha.de) von MaRa den Segen der göttlichen Mutter empfangen.

Elfen

Elfen-Morgen

Eines morgens, es war noch Halbdunkel, lief ich durch meine Wohnung im Halbschlaf zur Toilette. Und komme dabei im Flur vorbei an meinem riesigen Strauß weißer Lilien, die betörend dufteten. Ich traute meinen Augen nicht: über jeder Blüte schwebte ein großes Licht in Form einer Elfe. Die Lichter waren real sichtbar, wunderschön und verzaubernd.

Ich werde diesen Elfen-Morgen nie vergessen. Von da an sah ich die Wesen öfter, aber mehr in einer schemenhafteren Weise oder in einem Wissen, sie sind da.

JyotiMa Flak aus BR-Rio de Janeiro. Spirituelle Beraterin, Heilerin, Grafikdesignerin, www.JyotiMa.com. Arbeitsschwerpunkte: Christuslicht & Kristalle, Seminare in Rio und im deutschsprachigem Raum.

Mein Glücksklee

Vor ungefähr zwei Jahren, war ich fast täglich im Wald unterwegs. Die frische Luft, das Singen der Vögel und das satte Grün der Pflanzen begeisterten mich immer wieder auf`s Neue. Besonders der Waldklee hatte es mir angetan, denn wie jeder weiß, bringt ein vierblättriges Kleeblatt Glück. Und so hielt auch ich ständig danach Ausschau, doch ohne Erfolg.

Eines Tages war ich mal wieder unterwegs, erfreute mich an der Natur und entschloss mich beim Anblick der Kleepflanzen, die inzwischen höher gewachsen waren und bereits kleine gelbe Blüten angesetzt hatten, einige Pflanzen mitzunehmen und auf meinem Balkon einzupflanzen. So konnte ich jeden Tag ein Stückchen Wald zu Hause genießen. Und das tat ich. Jedes Mal, wenn ich meine Waldpflanzen betrachtete, ging mir das Herz auf. Ich lobte deren Wachstum und dankte meinen kleinen Freunden, den Elfen, die maßgeblich am Gedeihen beteiligt waren.

Doch immer noch fehlte mir ein vierblättriges Kleeblatt und so sagte ich zu meinen Elfen: „Eigentlich
könntet ihr mir doch ein vierblättriges Kleeblatt
wachsen lassen. Die Pflanzen sind hier, alles andere ist für euch bestimmt kein Problem." Der
Wunsch war ausgesprochen und ihr werdet es
nicht glauben, denn einige Tage später entdeckte
ich mein vierblättriges Kleeblatt. Ich war überaus
glücklich und dankbar. Meine kleinen Freunde hatten mir meinen großen Wunsch erfüllt.

Klar, dass dieses Kleeblatt noch existiert, nicht
mehr so frisch aber es ist da und erinnert mich
daran, dass das kleine Volk immer bereit ist, uns
Menschen zu zeigen, dass es ein Teil unseres Lebens ist, wenn wir es zulassen.

*Galicia aus D-Leiwen. Spirituelle Lehrerin, Gauri Gatha,
Essenerin, Heilkräfte der Elfen und Feen, galiciacf@t-
online.de.*

Unterwegs

Im Oktober 2010 fuhren mein Freund und ich zu den diesjährigen LLL (Lerne Licht Leben) - Tagen nach Amritabha (amritabha.com). Dort wurde ich zur Shaktifeuerpriesterin geweiht und das Shaktifeuer brannte zum erstenmal wieder und ich wurde an meine Aufgabe als Hüterin dieses Feuers geführt. Ein ereignisreiches Wochenende, das viel bewegt hat!

Doch auf dem Rückweg verfuhren ich und mein Freund uns erst einmal dermaßen, dass wir unseren Flug verpassten. Es war nur ein kleiner Umweg, den ich fahren wollte, der mich aber total aus der Richtung brachte. Müde nahmen wir uns ein Zimmer am Flughafen und ruhten uns einfach erst einmal aus.

Bevor wir am Abend weiterfliegen konnten, setzten mein Freund und ich uns hin und nahmen uns mal die Zeit, uns ganz auszurichten auf unser Ziel, auf Oslo, und machten ein kleines Ritual, indem wir unser Licht und unsere Liebe nach Oslo schickten und um Schutz und Geleit baten. Das war vielleicht eine Freude!

Als wir dann losgingen und am Flughafen etwas essen waren, waren wir umgeben von Naturwesen und eine Elfe flog ständig vor mir her und verteilte wie Glöckchen goldenen Elfenstaub. Es war pure

Freude! Selbst mein Freund, der nicht so wahrnehmend ist, meinte er fühle sich sehr glücklich, anders als sonst. Und ich sah die Naturwesen in seiner Aura leuchten. Vor allem die Zwerge lieben ihn.

Am Gate jedoch war es dann wohl noch zuviel der Freude für die anwesenden Menschen, und zu unserm Schutz hüllte sich alles unter meinen – feinstofflichen - Schutzmantel. Und wir kamen wohlbehalten in Oslo an.

Om Shakti Jay!

Wenn ihr mehr über meine Arbeit wissen wollt, dann schreibt mir einfach.
Ambika

Ambika Christen aus N-Oslo. Spirituelle Lehrerin, Feuerpriesterin, Feuerschamanin und lemurische Heilpriesterin, ambika@sacredfire.me. Arbeitsschwerpunkte: Heilung, Visionsfindung und Kraftpotential erkennen und initiieren.

Zwerge

Zwerg im Wald hinter dem Chateau Amritabha: Schon ein etwas älteres Foto. Als Agni dort 1999 einen Zwergenplatz ausmachte, wollten viele Gruppen diesen Platz sehen. Einmal stand dort dieses Männchen aus Matsch: Ein Regenwurm hatte es aufgetürmt... gelenkt in dieser kunstvollen Form ganz sicher von seinen Zwergenfreunden, die uns schlichtweg mal ihre Form für unsere Augen sichtbar zeigen wollten.

Andreas Lohmann aus D-Freiburg, D-Berlin und I-Venedig, Heilung für Mensch und Erde, www.auradiagnose. com. Arbeitsschwerpunkte: Geomantische Landkartenanalysen für Lichtzentren, Seminarhäuser, Lebensgemeinschaften und privat Engagierte.

Mein erster Kontakt mit Naturwesen

Kennt ihr das Phänomen, dass der Körper schläft, aber der Geist völlig wach ist? Ein sehr merkwürdiges Gefühl ist das, kann ich euch sagen. Der Geist ist vollkommen klar, man kann sehen, ist aber nicht in der Lage sich zu bewegen, oder etwas zu sagen. In diesem Zustand befand ich mich, als ich das erste Mal bewusst in Kontakt mit einem Lichtwesen gekommen bin.

Ich lag in meinem Bett und schlief. Plötzlich war ein Schatten vor mir. Etwa einen Meter groß, mit einer Zipfelmütze. Dieser Schatten war so präsent, dass es kein Traum sein konnte. Ich sah den Schatten mit geschlossenen Augen und spürte seine Energie. Ich war ziemlich erschrocken darüber, denn ich wusste nicht, was er von mir wollte. Verzweifelt versuchte ich aufzuwachen, aber es gelang mir nicht.

Irgendwann bin ich dann wieder eingeschlafen.

Einige Tage später passierte mir Ähnliches. Ich schlief auf dem Bauch und spürte plötzlich einen Schmerz in meiner Lendenwirbelsäule. Der Schmerz war so stark, dass ich aufwachte. Auch hierbei konnte ich eine mir unbekannte Präsenz spüren.

Das dritte Erlebnis dieser Art hatte ich wieder einige Tage später. Ich schlief in meinem Bett, als mir bewusst wurde, dass jemand auf meiner Brust saß. Er hatte mich an meinen Handgelenken gepackt und rüttelte mich. Auch hierbei versuchte ich verzweifelt, aufzuwachen. Ich glaube es gelang mir schließlich auch nach einer Zeit, die mir wie eine Ewigkeit vorkam.

Diese Ereignisse beschäftigten mich, aber ich hatte Niemanden, mit dem ich darüber reden konnte. Was hätte ich denn sagen sollen? „Ich habe ein Wesen gesehen, das aussah wie ein Zwerg!" Wer hätte mir das denn geglaubt? Also lebte ich mit meinem kleinen Geheimnis und achtete tunlichst darauf, dass meine Schlafzimmertür geschlossen war, wenn ich mich schlafen legte. Mir war nämlich aufgefallen, dass ich nur Besuch bekam, wenn die Tür offen stand. Da der Schatten jetzt nicht mehr kam, verdrängte ich die nächtlichen Störungen und versuchte, sie als Albträume abzutun.

Einige Wochen später erzählte mir meine Schwester Silke (mittlerweile hat sie ihren Spirituellen Namen bekommen und heißt Camra) davon, dass ihre Freundin Cora bei ihr in der Wohnung energetisches Feng Shui gemacht hatte und es sich noch Seelen verstorbener Menschen auf dem Dachboden befunden haben, die den Weg ins Licht nicht gefunden hatten. Ich horchte natürlich auf. War das etwa die Lösung meiner Probleme?

Schnellstmöglich machte ich einen Termin mit Cora aus. Als sie zur Vorbesprechung zu mir nach Hause kam, erzählte ich ihr von meinem kleinen Problem und sie sagte: „Wie cool, du hast einen Zwerg in deiner Wohnung!" Ich fand das Ganze natürlich nicht ganz so witzig. Aber Cora erzählte mir dann, dass sie nichts Böses tun, sondern dass der Zwerg vielmehr versucht, mir etwas mitzuteilen.

Da ich vorhatte ein paar Wochen später „den Weg ins Licht" (ein spirituelles Intensivseminar: www.derweginslicht.de) zu machen, riet sie mir, den Zwerg mit nach Oberpleis ins Lichtzentrum „Prema Shanti" (www.prema-shanti.de) zu nehmen, wo das Seminar stattfinden sollte.

Erleichtert darüber, dass es eine Erklärung für das alles gab, aber auch skeptisch, ob das denn alles so richtig war, sprach ich mit dem Zwerg und lud ihn ein, mit zum WIL zu kommen. Ich sah ihn nicht und ich konnte ihn auch nicht spüren. Aber ich war mir sicher, wenn es bei mir wirklich einen Zwerg gab, dann hatte er mich auch gehört.

So fuhr ich also mit meiner Schwester und meinem Zwerg zusammen nach Oberpleis zum „Weg ins Licht". Im Lichtzentrum angekommen, schauten wir uns natürlich als erstes den Garten mit den verschiedenen Plätzen an. Ich interessierte mich logischerweise in erster Linie für den Zwergenplatz.

Für das Team im Prema Shanti war es ganz normal, mit Naturwesen zu tun zu haben und es war für mich eine große Erleichterung mit ihnen darüber zu reden. Nachdem ich Lybie (die zusammen mit Kirm das Seminar leitete), von meinem Problem berichtet hatte, erklärte sie sich sofort bereit, mit mir zusammen zum Zwergenplatz zu gehen und den Zwergenkönig zu bitten, mit meinem Zwerg in Verbindung zu treten. Also knieten wir uns vor den Zwergenplatz und Lybie setzte sich mit den Zwergen in Verbindung. Sie sagte mir, ich solle mich nicht erschrecken, es würden jetzt ein paar Zwerge an mir hoch klettern um meinen Zwerg zu holen, weil er etwas scheu sei. Ich sah und spürte nichts.

Dann berichtete sie mir, er habe mein Licht gesehen und wollte mich auffordern etwas für die Zwerge zu tun. Sie seien bereit, sich wieder mehr auf der Erde zu manifestieren und bräuchten dafür Hilfe. Meine Aufgabe sollte es sein, Zwergenplätze anzulegen. Ich kann mein Gefühl gar nicht genau beschreiben. Es war wohl eine Mischung aus Glückseligkeit, Unsicherheit und Dankbarkeit. Ich erklärte mich bereit, meine Aufgabe anzunehmen und Zwergenplätze anzulegen. Der Zwerg fühlte sich bei den anderen Zwergen wohl und wollte gerne dort bleiben. Ich war damit einverstanden und insgeheim auch ganz froh.

Wieder zu Hause überlegte ich mir, wo ich denn wohl einen Zwergenplatz anlegen könnte. Das mit dem: „aufs Herz hören, das zeigt dir dann schon, wo der richtige Platz ist", fiel mir doch noch ziemlich schwer. Ich stand auf meinem Balkon und eine Baumgruppe zog immer wieder meinen Blick auf sich. Erst nahm ich es nicht so richtig wahr, doch dann wusste ich, mir wird gerade gezeigt, wo der erste Platz hin soll. Also machte ich mich auf den Weg.

Ich legte unter einer Kastanie einen Platz aus Steinen und Hölzern an, ließ meine Liebe fließen und bat die Zwerge darum, diesen Platz anzunehmen. Nachdem ich fertig war spazierte ich noch eine Runde und kam zum Schluss wieder an dem Zwergenplatz vorbei. Aus der Entfernung sah ich, dass da einige Zwerge in der Baumkrone saßen und mir zuwinkten. Mein Herz ging dabei auf vor Rührung und ich schickte ihnen ganz viel Liebe! Wenn ich sage, ich sah sie, meine ich nicht, sehen mit den Augen. Ich sah sie eher vor meinem inneren Auge. Ich hätte jetzt nicht sagen können, welche Farbe sie hatten oder ob sie Bärte trugen. Aber ich sah sie.

So fing es an mit mir und den Naturwesen. Mittlerweile habe ich schon viele Plätze angelegt, für die verschiedensten Wesen und sie stehen mir bei meiner spirituellen Arbeit immer wieder helfend bei.

Yona aus D-Kerpen. Physiotherapeutin, Cranio Scral Therapeutin, Alpha Chi Consultant, Heilkräfte der Elfen und Feen, www.Yona03.de.tl

Feenpark Heltorf

Während meiner Ausbildung „Die Verborgenen Heilquellen der Elfen und Feen"(www.lichtzentrum-essen.de) fuhren wir unter anderem zum Schloss Helltorf. Dort gibt es einen großen alten Park, mit vielen Naturwesen. Unter anderem befindet sich hier auch der Feentempel.

Zu Beginn erzählte uns Sansha (die Leiterin der Fortbildung), dass auf einer kleinen Insel in einem Teich Zwerge gefangen sind und ich sollte schauen, ob ich etwas für sie tun könnte.

Der Zwergenplatz selber befand sich auf einer etwas größeren Insel, direkt nebenan. Ich schuf den Zwergen eine Lichtbrücke von der einen Insel zur anderen und sie konnten alle wieder zurück zu ihrem Platz. Aber irgendetwas stimmte nicht. Aus irgendeinem Grund waren sie immer noch unglücklich. Die Zwerge waren jetzt zwar an ihrem Platz, aber sie konnten von dort aus das Ufer nicht erreichen. Da uns keine Lösung einfiel, wollten wir auf dem Rückweg noch mal versuchen, ob wir etwas für die Zwerge tun könnten.
Während wir weiter gingen, wanderten meine Gedanken immer wieder zu den Zwergen. Irgendwas in meinem Kopf sagte mir, dass sie verbannt wurden, weil der Schatz, den sie hüten sollten, gestohlen wurde.

In meiner Hosentasche befanden sich 4 Steine, die ich irgendwann einmal gekauft hatte. Bevor ich zu diesem Seminar fuhr, bekam ich den Impuls, diese Steine mitzunehmen. Und mir kam nun der Gedanke: „Diese Steine sind der Schatz, der den Zwergen gestohlen wurde." „So ein Quatsch!" dachte ich. „Hör auf zu fantasieren!"

So in meine Gedanken vertieft, trottete ich hinter den anderen her. Ich konnte machen, was ich wollte, meine Gedanken kreisten immer wieder um die Zwerge und die Steine. Ich hörte immer wieder: „Wirf die Steine ins Wasser. Nur so können die Zwerge wirklich erlöst werden." Ich weigerte mich, auf die Stimme zu hören. Schließlich hatte ich doch Geld für diese Steine ausgegeben. Aber diese Stimme wurde immer lauter und mir wurde klar, dass ich es tun würde!

Also sagte ich: „OK, auf dem Rückweg gebe ich sie euch zurück." Doch damit war die Stimme in mir nicht zufrieden. Ich spürte, dass ich es jetzt machen musste, aber ich wollte nicht. Wie sollte ich denn die anderen wiederfinden, wenn ich jetzt zurück zum Teich lief? Ich versuchte erneut das Ganze auf nachher zu verschieben, da kam ein lautes und eindringliches: „Tu es Jetzt!" Ich blieb stehen, zögerte noch einen Moment, rief den anderen zu, ich müsse noch mal kurz zurück und lief los.

Am Teich angelangt, führte ich die Steine einzeln an mein Herz und hüllte sie in Liebe ein. Dann schaute ich mich um. Sansha hatte uns nämlich erzählt, dass es verboten war, Gegenstände in den Teich zu werfen. Die Luft war rein und ich warf einen Stein nach dem anderen ins Wasser. Nachdem die Steine im Wasser gelandet waren, spürte ich eine Erleichterung.

„Das ist erledigt!" dachte ich mir und lief den Weg wieder zurück. Hoffentlich waren die anderen noch nicht zu weit weg. Zu meiner Verwunderung stellte ich fest, dass sie noch genau an der Stelle standen, an der ich sie verlassen hatte. Ich glaubte erst, sie hätten auf mich gewartet, aber ein Einhorn hatte sich ihnen in den Weg gestellt und gab den Weg erst wieder frei, als ich zu ihnen stieß.

Das jedoch bekam ich gar nicht mit. Ich wunderte mich nur, warum sie denn nicht weitergingen. Schließlich war ich doch wieder da. Aber sie schauten ehrfürchtig nach vorne auf den Weg. Die anderen waren so sehr mit dieser Energie vor ihnen beschäftigt, dass sie, glaube ich, gar nicht so richtig mitbekommen hatten, dass ich weg war.

Auf dem Weg zum Feentempel entdeckten wir noch viele weitere wunderbare Wesen und wir waren angefüllt mit Liebe zu der Natur und ihren tollen Wesen.

Am Feentempel angelangt, meditierten wir. Meine Gedanken wanderten wieder zu den Steinen, die jetzt auf dem Grund des Teiches lagen. Aus den Steinen stiegen Lotusblumen auf. An der Wasseroberfläche angekommen, öffneten sich die Knospen und verströmten Friedensenergie. Es war eine Gnade, das miterleben zu dürfen. Jetzt tat es mir auch gar nicht mehr leid, die Steine geopfert zu haben. Eine Weile schaute ich mir die Lotusblüten noch an, dann viel es mir wie Schuppen von den Augen. Mit Hilfe der Lotusblätter konnten die Zwerge jetzt auch das Ufer erreichen und waren nicht mehr länger auf ihrer Insel gefangen. Alles war wieder gut! Ich lächelte fröhlich vor mich hin, aber erzählte den anderen nichts davon. Ich wollte sie die Veränderung spüren lassen, bevor ich ihnen berichtete, was geschehen war.

Als wir auf dem Rückweg wieder an dem Teich vorbeikamen, forderte ich die anderen auf, jetzt noch einmal in die Energie rein zu spüren. Jetzt war eine wunderbare Friedensenergie zu spüren und die Traurigkeit war verschwunden. Voller Freude, und auch ein bisschen stolz, erzählte ich ihnen nun alles.

Yona aus D-Kerpen. Physiotherapeutin, Cranio Scral Therapeutin, Alpha Chi Consultant, Heilkräfte der Elfen und Feen, www.Yona03.de.tl

Achtsamkeit

Ich war wieder einmal beim großen Event in Amritabha und ich war viel in Aktion.

Auf einmal sagte eine innere Stimme: gehe
zu dem Elfen- und Zwergenplatz. Ich machte
mich auf den Weg dorthin, gespannt auf
die Begegnung mit den Elfen und Zwergen.
Oben angekommen, begegnete mir eine Bekannte.
Wir hatten uns lange nicht gesehen, freuten uns
sehr und redeten ziemlich laut an diesem Ort der
Naturwesen. Eine Weile ließ ich mich ablenken, aber
auf einmal wurde ich ganz nervös und ich fühlte
mich sehr unwohl. Nachdem ich mich verabschie-
det hatte, ging ich zunächst an den Elfenplatz und
spürte eine tiefe Traurigkeit und Unsicherheit und
bekam nicht so den Kontakt wie sonst, wenn ich voll
in meiner Achtsamkeit und Liebe für die Naturwesen bin. Anschließend ging ich zum Zwergenplatz;
auf dem Weg dorthin, stolperte ich dermaßen über
ein kleines Hindernis, dass ich hinfiel und in meiner
rechten Poseite spürte ich einen Stich, als wenn

mir jemand mit einem spitzen Gegenstand hinein-
sticht. Erschrocken über den Sturz und Schmerz
setzte ich mich an dem Zwergenplatz. Mir war auf
einmal bewusst, dass mein voriges unachtsames
Verhalten mit dem Sturz und Schmerz zusammen-
hängt. Ich beruhigte mich, ging bewusst in mein
Herz und nahm Kontakt auf zu den Zwergen.

Sie erzählten mir, dass sie wütend waren über
meine Unachtsamkeit und Respektlosigkeit ihnen
gegenüber. Vom ganzem Herzen entschuldigte ich
mich und ließ all meine Liebe zu den Zwergen und
Elfen fließen. Es entstand in mir und um mich herum ganz viel Frieden und augenblicklich war mein
Schmerz weg.

Eine ganze Weile blieb ich dort und sie erzählten,
dass sie darunter leiden, dass so wenig Menschen
sie beachten und sich in Liebe mit ihnen verbinden.
Sie haben mich körperlich spüren lassen, dass sie
da sind und haben den Wunsch, dass ich meine
letzten Zweifel an ihrer Existenz auflöse.

Seitdem habe ich keinerlei Zweifel mehr und ich war sehr dankbar für diese Erfahrung. Ich fühle mich seither mit noch mehr Liebe, Dankbarkeit und Demut diesen Wesen verbunden. Vor allem seit ich erfahren habe, dass ich eine Herrscherin aus dem Elfenreich bin. Meine Aufgabe ist es, die Menschen mit den Naturwesen und die verschiedenen Naturreiche wieder miteinander zu verbinden. Die Naturwesen sind für mich große Lehrmeister und jederzeit für uns alle da. Damit mein Kontakt zu den Naturwesen noch mehr wachsen kann, machte ich die Ausbildung bei Sansha: „Die geheimen Heilquellen der Elfen und Feen"(www.lichtzentrum-essen.de). Seitdem vergeht kein Tag mehr ohne meine lieben Freunde, die Naturwesen.

In Liebe Irshta

Irshta Rahmann aus D-Paderborn, Alpha Chi Consultant, Heilkräfte der Elfen und Feen, irshta.rahmann@t-online. de

Begegnung mit einem Zwergenkönig - Tiefe Heilung des Herzens

Vor etwa einem Jahr traf ich mich mit Yona. Wir hatten beschlossen, bei schönem Wetter einen Spaziergang zu machen und einen Zwergenplatz zu besuchen. Yona hatte diesen Platz schon entdeckt und mit den Zwergen dort Kontakt aufgenommen. Für uns beide ist die Kommunikation mit Naturwesen sozusagen „ein Kinderspiel". Je mehr ich mich traue+ mein Herz zu öffnen, desto besser kann die Liebe fließen. Dann ist der Weg frei für meine Wahrnehmung. Über meine Liebe nehme ich die Wesen wahr und kann sie verstehen, mit ihnen reden. Wir machten uns an diesem sonnigen Tag also auf den Weg und waren beide sehr gespannt, wie das Treffen ablaufen würde. Der Zwergenplatz liegt an der Rückseite eines großen Baumes, abgewannt vom Fußweg, versteckt hinter Büschen und Gräsern. Wir mussten uns erstmal einen Weg durch die Büsche bahnen, um die Zwerge zu erreichen. Als wir an der Rückseite des Baumes angekommen waren, knieten wir uns auf die Erde, ganz versteckt unter grünem Blätterwerk. Dann streute Yona ein paar Blütenblätter als Geschenk für die Zwerge aus, und ich gab ihnen einen kleinen Stein. Zwerge lieben solche kleinen Geschenke. Durch das liebevolle Ablegen der Geschenke am Baum der Zwerge öffneten sich unsere Herzen wie automatisch, die Liebe floss, und wir konnten dann die Zwerge wahrnehmen. Yona hörte, was sie uns sagen wollten, und ich konnte sie sehen. Nach einer kurzen und herzlichen Begrüßung erschien dann der Zwergenkönig, ein sehr alter, weiser und gütiger Zwerg. Yona meinte, er wolle mit mir sprechen. Ich ging mit meiner Aufmerksamkeit noch tiefer in mein Herz und bat den König um seine Botschaft. Ich kann mich nicht mehr genau daran erinnern, was er sagte. Aber ich weiß noch genau, dass er ganz zärtlich und liebevoll mit meinem Herzen in Kontakt ging und mich von einem tiefen Schmerz befreite. Ich war so gerührt, dass mir die Tränen kamen. Yona unterstützte mich liebevoll, indem sie einfach nur da war. Ich bedankte mich bei dem König für seine Weisheit und Liebe, von der ich so reich beschenkt worden war. Wir verneigten uns beide und verabschiedeten uns liebevoll von den Zwergen und ihrem König. Dann standen wir auf. Als wir wieder auf dem Weg waren, war es, als ob wir wieder zurückkehren „in die Welt der Menschen". Gerne denke ich an diese Begegnung zurück, weil sie mir gezeigt hat, wie viel Heilung die Naturwesen uns schenken, wenn wir wieder unsere Herzen für sie öffnen, wenn wir sie wieder wahrnehmen können. Besonders die Zwerge helfen mir immer, den Kontakt zu Mutter Erde zu vertiefen. Sie heilen oft tiefe Schmerzen, und helfen mir so, wieder in Freude und Frieden ganz auf der Erde anzukommen. Zwerge, ich danke Euch von Herzen!

Surja aus USA-San Francisco, Spirituelle Lehrerin, Sinchota Maran Schamanin, www.surja.de.

Erlösung der Burgen von Ribeauvillé

Im März 2000 besuchten wir im ersten Block der Feng Shui Berater Ausbildung den Hügel mit Weinhängen gegenüber des Château Amritabha. Damals entstörten wir die drei Burgen, die dort im oberen Teil stehen. Dabei befreiten wir die (Licht- und Reichtums-) Flüsse, die sich unterirdisch ins Tal ergießen wollten. Sie waren vor vielen Jahrhunderten von einem Herrscher dort mit Hilfe von magischen Kräften „verpfropft" worden.

Von oben an begingen wir die einzelnen Burgen und taten das Entsprechende, um sie zu erlösen. Dabei durften wir auch ganz viele Zwerge aus der unteren, Amritabha zugewandten Burg, befreien. Das ging nicht auf einmal. Dafür waren es zu viele und sie schon zu lange im Gemäuer eingeschlossen. Rana, die Ausbilderin, bemerkte, dass es in den Mauern knackte und krachte, als wir es versuchten. Die Mauern waren schon so alt. Deshalb stellten wir uns so, dass wir mit einer Hand (ich mit der Linken) die alte Burgmauer berührten, zu deren Füßen wir standen.

Wir gingen mit unserer Aufmerksamkeit in unsere Herzen und öffneten sie weit. Anschließend füllten wir sie mit Licht und Liebe. Danach verbanden wir uns mit den Zwergen. Sie konnten - einer nach dem anderen - durch uns hindurch „fließen": durch's Herz und zur anderen Hand raus. Das war toll! :) Nachdem der letzte Zwerg sein Jahrhunderte langes Gefängnis verließ, waren wir mit unserer Arbeit für den Tag fertig. Da ich noch mal „um's Eck" wollte, ging ich nur die ersten 50 Meter mit der Gruppe zusammen. Ab da nahm ich eine etwas andere Richtung, um kurz für mich allein zu sein.

Als ich wieder an den Punkt zurückkam, wo wir uns getrennt hatten und ich den anderen wieder folgen wollte, sah ich ganz viel Zwerge, die mir entgegen kamen. Ich konnte sie energetisch wahrnehmen. Es war, als würde alles „flimmern" wo sie waren: die Luft, das Gras, der Boden und alles, was sich eigentlich hinter ihren Körpern befand, wirkte ganz anders, obwohl ich es genau sah. Sie gingen mir ungefähr bis zum Knie und freuten sich sehr. Diese Freude erfüllte mich und ließ mich mit ihnen freuen. Außerdem fühlte ich mich sehr dankbar: ich durfte ihnen helfen und so was Tolles erleben! Das würde ich sicher nicht so schnell vergessen.

An dem Tag dachte ich, dass wir in Wirklichkeit machen, was sonst nur in Fantasy-Romanen und -Filmen vorkommt: Burgen erlösen, Zwerge und unterirdische Flüsse befreien, mit der Hüterin des Berges Kontakt aufnehmen und vorher noch ein eher böses, dunkles Wesen erreichen und mobilisieren. Fehlte nur noch ein Drache, mit dem wir was hätten machen müssen! ;)

Sera Ma Gallifa aus D-Düsseldorf, Spirituelle Lehrerin, Alpha Chi Consultant, www.serama.de. Arbeitsschwerpunkte: spirituelle Beratung, energetisches Feng Shui, Energiearbeit, Stadt- und Erdheilung.

Feng Shui

Eines meiner ersten Feng Shui war ein kleines Einrichtungs-Accessoire-Geschäft in Hamburg-Ottensen. Beim Feng Shui nahm ich wahr, dass vor der Eingangstür Einiges los war. Eine Gruppe von Zwergen und Naturwesen tummelte sich um die Fensterscheiben und die Tür. Sie waren noch schüchtern, drängten mich aber, der Besitzerin des Ladens von ihnen zu erzählen. Sie lachte und sagte, sie wohne ja selbst in einem kleinem Zwergen-Haus am Waldrand, das wäre ja kein Wunder. Ich bat sie, diese Wesen in ihr Leben und in ihren Laden einzuladen, sie mitarbeiten zu lassen. Von da an bekam sie viele Artikel in Magazinen und regen Kundenstrom. Wenn sie jetzt etwas verkauft, sagt sie oft, das waren die Zwerge.

JyotiMa Flak aus BR-Rio de Janeiro. Spirituelle Beraterin, Heilerin, Grafikdesignerin, www.JyotiMa.com. Arbeitsschwerpunkte: Christuslicht & Kristalle, Seminare in Rio und im deutschsprachigem Raum.

Happy

Von der Ausbildung zum Lichtzentrumsleiter zurück in Norwegen ging ich nun hier in den Wald, meine neuen Erkenntnisse noch frisch präsent in meinem Bewusstsein. Ich kam an einem Stein vorbei, der mich rief. Wesen wollten hier befreit werden und es zeigte sich ein Eingang in die Zwergenwelt.

Einer der Zwerge bat mich um seinen Segen, und es berührt mich immer sehr, wenn ich mein Licht und meine Liebe mit diesen empfänglichen und dienenden Wesen teilen darf. Der Zwerg bat mich dann mit mir mitkommen zu dürfen in mein "Lichtzentrum" (wir sind ja grad erst eingezogen!), um mehr zu lernen. So kam er mit. Mein erster "Seva", ein Zwerg. Ich fragte ihn auch nach seinem Namen, aber da er recht kompliziert klang einigten wir uns auf Happy!

Ich war mir nicht immer seiner Anwesenheit bewusst, doch sass er mir manches Mal an der Seite bei der Arbeit am Computer. Eines Tages war ich draussen gewesen und hatte mich mit den Bäumen in der Nähe beschäftigt und einige Fotos gemacht und sie ins Netz gestellt. Eine Facebook-Bekannte machte mich auf etwas aufmerksam: ein Bild, in dem ein lichtvoller, freudiger Zwerg zu sehen war, der ein Lichtkreuz vor sich hertrug! Hier ist er auf dem Bild zu sehen!

Zwerg mit Lichtkreuz ≪

Happy war anwesend, als ich mit der Bekannten am PC kommunizierte und zupfte mir ungeduldig am Ärmel. Er zeigte auf die Frau und machte mir verständlich, dass ich ihr ein Licht-Geschenk geben sollte. Ich schrieb ihr das kurzerhand und daraus entstand ein Telefonat in der ich ihr half eine ihr eigene Qualität mehr präsent zu haben. In einer geführten Reise konnte sie ihre Gabe gleich im Wald, wo der Eingang zum Zwergenreich ist, anwenden. Sie kann die Weisheit Gottes durch sich in die Erde fliessen lassen. So haben wir uns gegenseitig beschenkt. Wie schön!

Der Zwerg hat inzwischen sein "Update" bekommen, ist zurückgekehrt an seinen Platz und verteilt es nun in seinen Reichen. Oder auch anderswo? Vielleicht wirst du ihm oder seinen Kollegen und Kolleginnen begegnen?

Gerade während ich dies hier schreibe, versammeln sich eine Abordnung von Zwergen um meine Füsse. Sie wollen mir etwas zeigen....Ich weiss, es hat mit dem neuen Bewusstsein zu tun, dem Christuslicht und dem was ich lange gehütet habe und nun verteilen darf.

So werde ich wohl zur nächsten Geschichte geführt, die ich euch beizeiten erzählen werde...

Om Shakti Jay!

Wenn ihr mehr über meine Arbeit wissen wollt, dann schreibt mir einfach.

Ambika

Ambika Christen aus N-Oslo. Spirituelle Lehrerin, Feuerpriesterin, Feuerschamanin und lemurische Heilpriesterin, ambika@sacredfire.me. Arbeitsschwerpunkte: Heilung, Visionsfindung und Kraftpotential erkennen und initiieren.

Wichtel

Meine Wichtel daheim

Wohne nun schon 4 Wochen in meinem neuen Zuhause. Ich hatte anfangs das Gefühl, es sei die Wichtelfamilie einer Freundin mit rum gekommen zu Besuch. So war das aber gar nicht, meine zwei Wichtel waren schon vor mir da in der Wohnung.

Zuerst konnte ich nur Ihn wahrnehmen: Anton, so hat er sich vorgestellt. Eine Freundin kam zu Besuch, bei ihr stellten sie sich mit Berta und Gerd vor. Tja, solche Schlingel, als wir nachhakten, da ich einen anderen Namen hatte, antwortete er ja prompt: „Manchmal nenne ich mich Anton, manchmal Gerd, Ihr habt ja auch zwei Namen!". Aha, alles klar. Logisch.

Nach ein paar Tagen Urlaub kam ich nach Hause und wollte gleich telefonieren. Mein Telefon ging aber nicht, obwohl es ganz neu ist. Nach einigem Hin und Her ging mir ein Licht auf. Ja klar, habe noch nicht mal „Hallo" gesagt zu meinen Wichteln und wollte gleich loslegen mit dem Telefonieren. Das haben sie sich nicht gefallen gelassen. OK, habe dann mit ihnen erst mal ein kleines Schwätzchen gehalten und zack, hat danach auch das Telefon wieder funktioniert.

Urana aus NZ-Peria. Phytotherapeutin, Tierheilpraktikerin, Tierkommunikatorin, fielitzn@gmx.de. Arbeitsschwerpunkte: Heilung für Mensch und Tier auch auf die Ferne

Abseits der bekannten Wege

Abseits der bekannten Wege sitze ich gedanken-
verloren zwischen ein paar verwitterten Felsen mitten im Wald. Ich genieße die Ruhe und lasse meinen Blick zwischen den Bäumen umherschweifen.
Die Bäume scheinen mich jedoch anzuregen, denn
ich fange an, über lang vergangene und teils ver-
gessene Zeiten nachzudenken...

In unseren Vorzeiten hatten Naturwesen noch
eine große Bedeutung in den Kulturen der Welt.
Sie waren einst zahlreich und mächtig und spielten
eine wichtige Rolle im Alltag der Menschen. Sie gal-
ten als verwandlungsfähige Dimensionswanderer,
da sie den Gesetzen des menschlichen Daseins
nicht unterworfen waren. Teils waren sie dem
Menschen ebenbürtig, manche waren ihm sogar
überlegen. Man war mit diesen Wesen vertraut

und kannte viele auch mit Namen. In unserer heutigen, lauten und hektischen Zeit ist der Zugang zu ihnen äußerst schwierig geworden. Sie haben sich sicherlich nicht einfach nur in Luft aufgelöst, aber leben zumindest sehr zurückgezogen. Für den modernen Menschen gehören sie somit bestenfalls in das Reich der Märchen, denn mit Beginn des Christentums wurde der Glaube an Geister und Götter unterdrückt. Gottlob leben einige alte Traditionen heute, auch wenn der Neuzeit angepasst, wieder auf, so dass das Wissen um diese hilfreichen Wesen langsam wieder ans Tageslicht kommt. Ich erinnere mich wenigstens an Wesen und Gestalten wie Zwerge, Kobolde, Nixen und Meermänner, Brunnenfrauen und Berggeister, wie zum Beispiel Rübezahl. Auch einige Arten-Unterscheidungen wie Dunkel-, Dämmer- und Lichtelben sind mir bekannt.

Ich sinniere so vor mich hin, als ich urplötzlich durch eine merklich ansteigende und sich verdichtende Energie aus meinen Gedanken gerissen werde. Ich traue meinen Augen nicht, schaue ein-, zwei-, nein dreimal, schüttle auch meinen Kopf... die Gestalt vor mir bleibt sichtbar – ich träume also nicht!? Vor mir zeigt sich das Bild eines hageren, etwa 1,20 m großen Wesens, mit roter, langer Mütze, leicht zerschlissenem hellen Hemd, Weste und zerbeulten Hosen. Ein paar alte Lederschuhe runden das Bild ab. Sein längliches, recht derbes und faltiges Gesicht deutet auf ein höheres Alter hin. Seine Augen jedoch sind klar und wach. Als ich mich wieder fange, stellt er sich mit einem lauten Lachen vor und gibt mir zu verstehen, dass er als Lehrer, hauptsächlich für seine Art, aber auch für Menschen tätig ist. Wir verabreden uns für die nächsten Tage und ich gehe an diesem Nachmittag erst einmal sehr nachdenklich nach Hause.

Während der folgenden Tage schwinden meine Zweifel zusehends. Mein neuer Lehrer zeigt mir einige Ansiedlungen verschiedener Erdvölker und stellt mir währenddessen auch gleich ein paar seiner Bewohner vor. Mir fallen diese Ausflüge und Begegnungen nicht sonderlich schwer, denn Astral- und Mentalwanderungen sind mir vertraut. Die unterirdischen Siedlungen erinnern mich an alte Bauernhöfe, vor allem die innere Aufteilung und das Aussehen der Räume. Alles ist erdfarben gehalten und das Mobiliar ist aus Holz. Gut, es sieht zumindest so aus und fühlt sich ebenso an. In dieser Ebene hat es den Anschein, als wäre es so greifbar und materiell wie in der menschlich-irdischen, also grobstofflichen Dimension. Moderne Technik in unserem Sinn gibt es hier nicht. Die Einrichtungen, Küchen und Lichtquellen erinnern mich an die einfachen Gegenstände und Geräte des 18./19. Jahrhunderts. Ein würziger Duft aus Kräutern und Tabak durchzieht die Häuser. Auch seine Bewohner wirken auf mich ähnlich wie die

Menschen. Diese Wesen haben unterschiedliche Charaktere und zeigen sich dementsprechend. Manche sind melancholisch, andere freundlich und lebhaft, einer ist verstockt, der nächste listig und vorlaut. Ich fühle mich wie auf einer Zeitreise durch unsere irdischen Dörfer. Mein Lehrer warnt mich jedoch vor einem schnellen und unüberlegten Urteil über diese Völker, da es nach unseren Begriffen verschiedene Sphären gibt, die von Millionen Wesen bewohnt werden. Sie sind je nach Rang mit den verschiedensten Eigenschaften ausgestattet und dementsprechenden Einflussbereichen betraut. Hohe Eingeweihte und Intelligenzen stehen im Rang eines Königs und sind dem Menschen nicht nur an Wissen weit überlegen. Man achte also bei möglichen Kontakten stets darauf, diesen Wesen mit Respekt zu begegnen.

Weit mehr Gewicht legte mein Lehrer aber seit unserem ersten Treffen in die Ausbildung der praktischen Magie. Beide Bereiche, die Magie, wie auch der persönliche Kontakt zu diversen Wesenheiten werden mir wohl auch künftig von wertvollem Nutzen sein. Ein Beispiel hierfür ist folgender realer Fall:

In einem Betrieb zur Herstellung von Trockenfutter streikte trotz guter Wartung immer wieder der Industrieofen, der für die notwendige Wärme zur Trocknung des Viehfutters sorgte. Auch verschwanden immer wieder Werkzeuge auf seltsame Weise. Durch einen Vortrag auf mich aufmerksam geworden, ließ der Inhaber das Firmenareal von mir begutachten. Der von mir beschriebene erdgebundene Verstorbene, der diese Phänomene auslöste, wurde als ehemaliger Vorarbeiter identifiziert. Schon zu Lebzeiten litt dieser Mann unter einem ausgeprägten Überwachungseifer und ließ auch niemanden nur in die Nähe des Firmenofens. Diesen Charakterzug behielt er über den Tod hinaus und versuchte immer noch, mit den ihm nach seinem Ableben zur Verfügung stehenden Mitteln, die alleinige Kontrolle über diesen Ofen zu behalten. Ein geregelter Betriebsablauf war erst wieder nach seiner Heimführung ins Jenseits möglich. Jedoch war weiterhin ein beengtes und bedrückendes Gefühl auf dem Betriebsgelände vorherrschend. Ich untersuchte daraufhin energetisch das Grundstück und fand im Boden eine Art Wanne, in der sich einerseits die energetischen Altlasten sammelten und andererseits die frische Erdenergie unterhalb der Wanne nicht aufsteigen konnte, um das Erdreich energetisch auszugleichen. Versuche meinerseits, diese energieblockierende Wanne energetisch zu entfernen, scheiterten an der Gegenwehr einiger, von mir zuvor nicht bemerkten Erdwesen. Ich bat daraufhin um ein Gespräch mit dem dort zuständigen Gebietsoberen. Dieser gab mir sehr ungehalten zu verstehen, dass eine Energieverschmutzung des umliegenden Erdreichs durch den Betrieb nicht zu dulden ist, da dies ihren Lebensraum beeinträchtigt. Erst durch weiterführende Gespräche und Zugeständnisse, wie Zusagen des Firmenchefs, was die Reinigung und Sanierung von bestimmten Bodenflächen im Gebäude anging, stimmte der Ortsobere des Erdvolkes dem Abbau der Schutzwanne zu. Seitdem ist eine eindeutige Energieerhöhung, einhergehend mit zunehmender Verbesserung des Betriebsklimas zu beobachten. Dies ist lediglich ein kleines Beispiel für eine mögliche Zusammenarbeit von Mensch und Naturwesen. Ich hoffe, insbesondere zum Wohl des Menschen, dass beide Kulturen sich einander wieder annähern, in wechselseitigem Verständnis und Vertrauen.

Jörg Schreiber aus D-München, Paranormologe, Heiler, www.jorgaros.de.

Kobolde

Mein Erlebnis mit den Naturwesen!

Der Norden, die Kelten, Merlin....all das war schon immer mein Erlebnis mit den Naturwesen! Irgendwie ein Teil von mir. Viel und mit Begeisterung habe ich darüber gelesen, mein Interesse daran ist ungebrochen, ist mir heute viel bewusster und hat Platz in meinem Alltag bekommen.

Im Oktober 2008 war ich zu Besuch bei meiner Tochter Cora in Köln. Da habe ich mir in meinen freien Stunden das Buch von Tanis Helliwell „Elfensommer„ zu Gemüte geführt. Ihr wisst schon, das mit den Leprechauns.

Eines Morgens, ich stand um 6:30 auf, um die Stille des frühen Tages zu genießen und machte die Kaffeemaschine fit für eine Tasse frisch gebrühten Kaffee. Aber dann...... oh weia.... Ich öffnete den

Kühlschrank, holte die Sahne heraus, doch wie ich diese in die Tasse geben wollte, bekam alles ein Eigenleben. Die Tasse fiel zu Boden und die ca. 150ml ihres Inhaltes ergossen sich über die Wand, über mich, füllten die Fächer der Kühlschranktür und ein See breitete sich über die Hälfte des Bodens aus, so als ob da literweise Kaffee vorrätig gewesen wären.... Ich kam aus dem Staunen nicht heraus, überlegte, ob ich jetzt lachen oder weinen sollte, aber putzen und wischen war ja angesagt und aus war's mit früher gemütlicher Morgenstunde.

Als ich mit Aufräumen fertig war und es mir endlich mit frischem Kaffee am Balkon gemütlich machte, da dachte ich an die Leprechauns in Tanis`s Buch und es schien mir durchaus im Bereich des Möglichen, diesen Wesen auch hier in Köln begegnen zu können. Und wie auf Knopfdruck sozusagen, stellten sie sich mit einem „Geschenk„ ein.

Auf der Wiese unter mir begann sich ein Kreis von Blättern zu formieren. Der Kreis drehte sich und mit jeder Drehung gesellten sich neue Blätter dazu, der Kreis wurde größer und bewegte sich diagonal auf die andere Seite des Weges. Es war absolut windstill und nirgendwo sonst bewegte sich etwas. Wie gebannt sah ich zu. Nach, ich weiß nicht, vielleicht etlichen Minuten, kam der Kreis zum Stehen und fiel dann einfach in sich zusammen. Ein Radfahrer kam daher, fuhr einfach darüber hinweg und der Zauber war vorbei.

Dies alles erzählte ich meiner Tochter und sie sagte zu mir: „Mama, da hat sich ein Kobold gemeldet der dich auf sich und Seinesgleichen aufmerksam machen möchte und der dich auch nach Hause begleiten will." Und so ist das Kerlchen mit mir nach Kärnten geflogen und seit Ende Oktober 2008 mein Mitbewohner, zumindest zeitweise.

Vieles habe ich inzwischen mit ihm erlebt, durchwegs Lustiges. Seine „Spezialität" ist: Gläser umwerfen. Liebend gerne in Cafés, wo er damit vor allem die Bedienung schockt. Manchmal macht er mich auch darauf aufmerksam: „DIE ist heute nicht gut drauf. DIE hat Sorgen, sende ihr Licht."

Einmal, ich hatte einen Hefeteig gemacht, da reißt der Teig an einer Stelle in ganz komische Linien und während ich mir dies ansah, sagte mein Kobold: „Ja, sieh nur, das ist die Mündung des Götaälv ins Kattegatt, du weißt schon, da wo deine Lieblingsstadt liegt.„

Viele lustige Begebenheiten könnte ich noch anfügen: Wie er mich zum Bellaflora geschickt hat, um für ihn „Spielzeug" zu kaufen, wie er mich zu einem Vortrag über Norwegen begleitet hat, vor der ersten Reihe händeklatschend auf und ab gehüpft ist, das mir schon bange wurde und gerufen hat: „Oh, Norwegen, das ist eine gute Destination, da müssen wir mal hin.„

Dazu folgendes: Mein älterer Sohn hat mir zum Geburtstag einen Städteflug geschenkt. Ich durfte aus drei Städten auswählen, die mittlere davon war Oslo! Dreimal dürft ihr raten, welchen ich ausgewählt habe!

Nun ist es nicht so, dass ich ihn ständig wahrnehme, in seiner ganzen Größe gezeigt hat er sich erst einmal. Da saß er auf dem Kinderstuhl meines Enkels und lächelte mich spitzbübisch an. Er ist ca. 60cm groß, trug Kniestrümpfe und eine Hose bis zum Knie, alles in so grün-grauen Tönen. Manchmal sehe ich aber nur ein graues Etwas um die Ecke huschen. Er ist jedenfalls sehr humorvoll, immer mit einem Zwinkern in den Augen, so, als ob er sagen möchte: „Nimm nicht alles so ernst." Man muss ihn einfach mögen und ich freue mich schon darauf, wenn wir gemeinsam, wie er es nennt, ins Land der Klabautermänner fahren!

Licht und Liebe allen Wesen!
Heidemarie

Heidemarie aus A-Villach. Bin einfach „nur" Hausfrau und Mutter von vier wundervollen Wesen!

Gnome

Gnome

Vor nicht allzu langer Zeit machte ich mit einer Schamanin eine Reise in die Zukunft. Ich lag auf dem Boden, schloss die Augen und ging auf Wanderschaft. Der Weg führte mich durch einen Wald und endete auf einer Lichtung. Auf der Lichtung standen so 20-30 Gestalten im Kreis. Ich fragte, ob sie mir in ihren Kreis Einlass gewähren würden und sie taten es. Wir berührten jeweils den einen Partner neben uns im hinteren Bereich des Körpers und den anderen im vorderen Teil. Auf diesem Weg gaben wir alle unsere Stärke, aber auch Schwäche ab. Dadurch kam es zu einem Kreislauf der durch den ganzen Körper strömte. Ich fragte die Geschöpfe, was sie eigentlich sind und sie antworteten „Gnome." Ich konnte sie nicht erkennen, aber sie waren genau so groß wie ich, oder ich so klein wie sie? Jedenfalls war es ein sehr schönes Gefühl bei ihnen sein zu dürfen.

Etwa 2 Wochen nach dieser schamanischen Reise nahm ich mir ein Buch zum Zwergestricken in die Hand und fing zu stricken an. Als er fertig war schaute ich mir mein Werk an. Es war kein Zwerg, es war ein Gnom. Mein Vater, mit dem ich nicht über die Gnome gesprochen hatte, bestätigte mir, dass dies kein Zwerg ist. Es sei ein Gnom.

Seither habe ich die Gnome bei meinen Meditationen immer wieder zu mir gerufen und sie sind auch oft gekommen. Wir haben Spaziergänge durch den Wald unternommen und sie haben mich an der Hand geführt. Da konnte ich sie auch etwas besser wahrnehmen. Sie waren so groß wie ein ein- bis zweijähriges Kind und sprangen fröhlich, an meiner Seite, durch den Wald.

Steffi aus D-Velburg, gelernte Groß- und Außenhandelskauffrau, www.stob-shop.de. Arbeitsschwerpunkte: Eigenproduktion von „natürlich und schönen" Stofftieren, Puppen, Filzschuhen ...

Steinwesen

Die Bergkristall-Kugel

Es begann am 28.09.1997.
Ich lebte zu der Zeit in einer Wohnung, in der ich im Wohnzimmer nichts anderes mehr hatte als einen weißen Teppich, einen Altar, eine große Pflanze und einen Steinkreis mit vielen Edelsteinen. In der Mitte des Kreises, der einen Durchmesser von über zwei Metern hatte, lag mein Meditationskissen. Dort genoß ich die Kraft des Platzes.

Wieder einmal war gerade Wochenende und ich hatte mir vorgenommen auf eine Steinemesse in Bonn zu gehen. 200 DM hatte ich mir eingesteckt. Man wusste ja nie, es konnte ja sein, dass ein guter Stein auf der Messe auftauchen würde.

Auf der Messe angekommen, sah ich direkt am zweiten Stand eine Bergkristall-Kugel. Ich hatte schon viele Bergkristall-Kugeln gesehen, größere, kleinere, klarere, trübere, alles, was es so am Markt gab. Diese war äußerlich gesehen nicht besonders auffällig, doch...

...ich sah die Kugel und mir schossen unmittelbar die Tränen in die Augen. Wie angewurzelt blieb ich stehen und starrte auf die Kugel. Ein Teil von mir beobachtete, wie ich da stand und ergriffen war, sah auch die Menschen, den Händler und mein Umfeld, doch ein anderer Teil von mir war in einem unfassbaren Zustand: verliebt, berührt, im Himmel... eigentlich mehr, als wenn ich mich in ein menschliches Wesen verliebt hätte.

Es brauchte eine Weile, bis ich mich wieder beruhigt hatte. Dann wurde ich neugierig und schaute auf den Preis: 5600 DM. Wieder fing ich an zu weinen, diesmal, weil ich mir nicht vorstellen konnte, wie ich mir diese Kugel kaufen könnte.

Als ich mich wieder gefasst hatte, sagte ich mir, dass ich mir die Kugel nicht leisten kann und beschloss weiterzugehen.

Doch das ging erst gar nicht. Meine Beine gehorchten mir nicht. Wieder musste ich warten, bis ich den Stand verlassen konnte.

So ging ich weiter, konnte aber auf der ganzen Messe keinen einzigen Stein „sehen", weil ich viel zuviel Traurigkeit in mir hatte, so wie ich sie kannte, wenn ich mich von einer Partnerin getrennt hatte.

Ich konnte an nichts anderes denken und ging dann auch wieder zurück! Ich wusste, es geht nicht anders: so verrückt es auch schien: ich konnte nicht ohne „meinen Schatz" die Messe verlassen.

Ich fasste mir ein Herz und sprach den Händler an!

Das Gespräch mit dem Händler ergab dann, dass er erstmal feuchte Augen bekam und ich „sie" (die Kugel) dann für die 200 DM Anzahlung mit nach Hause nehmen konnte.

Zu Hause habe ich meine heissgeliebte Kugel wie ein menschliches Wesen behandelt - so wie ein Kind sein neues Haustier behandelt, ja ich nahm dieses „Wesen aus Stein" sogar mit ins Bett.

In den „Gesprächen" mit „ihr" und mit innerer Unterstützung von Sai Baba habe ich dann noch in derselben Woche die Botschaft bekommen, einen ‚Steineladen' zu eröffnen.

Da ich als Ingenieur keinerlei Ahnung vom Einzelhandel hatte, kam im inneren Zwiegespräch heraus: „Frage Dauri (damals eine liebe Kollegin aus der Beraterausbildung)! Sie hilft Dir dabei!"

Das habe ich dann eine halbe Stunde später getan! Ihre Antwort war:"Ich habe vorhin in der Meditation gesagt bekommen, ich solle mich jetzt für einen meiner vier Berufe entscheiden - und wenn die Wahl auf die Steine fallen sollte, dann würde jemand auf mich zukommen und ich müsse den Ort wechseln." Dann schauten wir uns an und alles war gesagt...

... der Steineladen wurde am 1. Dez. 1997 unter dem Namen „Licht & Steine" in Oberpleis eröffnet

und dann 2,5 Jahre zusammen mit viel Freude geführt.

Desweiteren hat mich das „Steinwesen" der Bergkristall-Kugel unterstützt bewusst in Kristallwelten
einzutauchen. Daraus sind dann später geführte
Meditationen entstanden, die ich in Seminaren
hielt, damit auch andere Menschen ihre Erfahrung
mit den Welten der Steine machen konnten.

Die Kugel mit ihrem innewohnenden Wesen ist bis
heute eine meiner wichtigen treuen Begleiter und
wird sie wohl auch bleiben.
Nur, verliebt bin ich nicht mehr.
Und sie liegt auch nicht mehr in meinem Bett... ;-)

*Darta Molitor aus GB-London. Promovierter Ingenieur,
Lehrbeauftragter für Solararchitektur, Spiritueller Lehrer, Alpha Chi Consultant, www.darta.org. Arbeitschwer-
punkte: Stadt-, Landschafts- und Erdheilungsprojekte
unter den Namen Gaia Mata www.gaia-mata.net und
City Healing www.cityhealing.net.*

Steingesicht ⌃

Drachen

Muck, der Drache

Meine ersten Kontakte mit Naturwesen liegen bereits einige Zeit zurück. Mittlerweile ist für mich die Arbeit mit diesen Wesen ganz normal geworden. Eine besonders starke Bindung habe ich zu Drachen. An den ersten bewussten Kontakt mit einem Drachen kann ich mich schon gar nicht mehr erinnern. Aber es gibt ein ganz besonderes Ereignis, von dem ich hier gerne berichten möchte.

Wir hatten bei einer Landschaftsheilung an einen Platz in Köln-Longerich gearbeitet und dort zeigte sich auch ein Drache. Dieser Drache war voller dunkler Energie und meine Aufgabe war es, ihn von dieser Energie zu befreien. Dafür benutzte ich mein Lichtschwert. Ich kämpfte nicht gegen die Dunkelheit, sondern hielt dem Drachen mein Schwert hin und bot ihm an, es zu berühren. Er tat es und ich ließ so viel Liebe wie möglich zu ihm fließen. Es dauerte nicht lange und die Dunkelheit war transformiert. So befreit konnte er wieder seine Aufgabe wahrnehmen und den Platz hüten. Zum Schluss einer jeden Landschaftsheilung prüfen wir, ob wir für diesen Platz noch Aufgaben zu erledigen haben. Meine Aufgabe war es regelmäßig Liebe dorthin zu schicken.

Also ging ich regelmäßig in Kontakt mit dem Platz. Bei einer dieser Meditationen, fand ich etwas Ovales zwischen den Füßen des Drachen. Ich hüllte es in Liebe ein und wartete gespannt, was sich tun würde. Ich brauchte nicht lange zu warten, schon nach kurzer Zeit schlüpfte ein kleiner Drache! Mein Drache! Ich glaube, ich habe vor Rührung geheult.

Mittlerweile gibt es mehrere Drachen, die zu mir gehören, aber zu meinem Muck habe ich die stärkste Verbindung! Er ist ständig bei mir, beschützt mich und bringt mich immer wieder zum Lachen. Einige Tage später fiel mir ein, dass ich kurz vor diesem Ereignis ein Fantasiebild gemalt hatte. Dieses Bild zeigt, wie mir jetzt bewusst wurde, Muck als ungeborenen Drachen. Dieses Bild möchte ich euch gerne zeigen.

Yona aus D-Kerpen. Physiotherapeutin, Cranio Scral Therapeutin, Alpha Chi Consultant, Heilkräfte der Elfen und Feen, www.Yona03.de.tl

Drachen Fötus ⌃

Einhörner

Erste Begegnung mit dem Einhorn

Seit ich hier an meinem Lichtzentrumsplatz angekommen bin (2004), wusste ich, dass es hier eine
Eintrittstelle gibt für Einhörner. Es war lange nicht
Zeit mit ihnen in Kontakt zu kommen. Erst musste
sehr viel Landschaftsheilung und Heilung für mich
selbst geschehen um diesen lichtvollen und ganz
besonderen Wesen zu begegnen.

Doch im letzten Dezember 2009, verspürte ich
den Impuls und vernahm den Ruf im nahe gelegenen Wald einen Spaziergang zu machen. Es lag
ganz wenig Schnee. Einfach bei mir, ohne Erwar-
tungen oder Absichten, ging ich in den Wald, be-
grüsste die Bäume und ging meines Weges. Bis
plötzlich sich eine intensive Lichtenergie mir nä-
herte und ich erst einmal stehen blieb und mich
umsah. Da zeigte sich mir ein Einhorn, mein Herz

schlug schneller, es war eine so unbeschreibliche Energie und ein so einzigartiges Licht, das ich fühlen und sehen durfte. Über mein Herz durfte ich in Kontakt treten. Erst wusste ich nicht, was ich nun tun soll, ob ich überhaupt was tun sollte. Das Einhorn zeigte mir im Wald eine Stelle unter einem Baum, gut versteckt, da sollte ich hingehen und einfach mit der Qualität der Einhörner in Kontakt treten. Es wurde mir für einen Moment ihr Reich und ihre Aufgaben offenbart, aber auch nur so kurz ohne dass ich es rational erfassen konnte und es irgendwie niederschreiben konnte. Einfach aufnehmen in mein Herz.

Das Einhorn begleitete mich noch ein Weilchen mit seiner liebevollen Energie auf meinem weiteren Spaziergang und ich erinnere mich jetzt, wie ich den Wald und die Schwingungen anders wahrnahm. Einfach in einem andern Licht, intensiver; schwer zu beschreiben, anders halt.
Zu Hause angekommen, fand ich es immer wieder in unserem Garten und im Haus, es strahlte sein leuchtendes weiss-silbernes Licht über uns.

Zur Wintersonnenwende, wir pflegen an unserm Platz zu jeder Jahreszeit ein Ritual, meldete sich das Einhorn ganz deutlich an. Im Freien am Feuer luden wir alle Naturwesen aus allen Himmelsrichtungen ein an der Feier beizuwohnen. So gesellte sich auch das Einhorn zu uns. Es verströmte wieder sein unvergleichbares Licht in unsere Runde und auch alle Teilnehmer waren von diesem Licht berührt und konnten es sehr gut wahrnehmen und es als Unterstützung und Heilung aufnehmen. Eine tiefe Dankbarkeit durchströmte mich/uns. Es war deutlich zu spüren, dass sich eine neue Zeit ankündet.

In Liebe und Dankbarkeit verneige ich mich vor dem Licht und der Liebe der Einhörner.

Benira Niederberger
9. Februar 2010

Benira Niederberger aus CH-Lengnau BE, Alpha Chi Consultant, Ausbilderin zum Baumessenzen Berater www.baumessenzen.info, A-R-A Lichtzentrum www.a-r-a.ch. Arbeitsschwerpunkte: Das Wissen der Bäume erwachen lassen und weiterlehren. Baum-Essenzen, energetisches Feng Shui, Landschaftsheilungen.

Einhörner

Jetzt weiß ich, das die Naturwesen immer bei mir waren, lange Zeit hatte ich es vergessen, bis ich mich wieder auf die Stille und die Ruhe der Natur eingelassen habe. Wenn ich mein Herz öffne und mit meiner Liebe Kontakt mit ihnen suche, kann ich sie fühlen;-)))

Seit Oktober 2009 habe ich einen Naturblumenladen in Passau; dabei stehe ich im engen Kontakt mit der Natur und ihrem Wesen, bzw. ihren Wesen. Als ich eines Tages ein Einhorn begonnen habe zu gestalten, öffnete sich der Himmel und ich spürte wie das Einhorn in meinen Händen zum Leben erwachte. Es brachte einen unendlichen Strom von Liebe, Freude und Heilung mit sich *Ich war wie benommen von dieser wunderbaren Engerie*

Zwei Tage und Nächte hatte ich von Einhörnern geträumt, bzw. ich fühlte mich wie eines. Ich durfte mit seiner Energie verschmelzen. Sie haben ihren Himmel auf die Erde gebracht. Ich fühlte mich groß, unendlich weit, schön, vollkommen und mit einer so mächtigen Liebe erfüllt und umgeben *Ich bin unsagbar dankbar für diese Erfahrung und verneige mich in tiefer Liebe vor diesen Wesen*

Crosis Eidenschink aus D-Passau. Lebensblume; Kostbarkeiten der Natur, Naturseminare, Heilpriesterin, Crosis-Lebensblume@web.de.

Naturwesen allgemein

Das Mondritual

Wie ich in meinem vorigen Bericht bereits erwähnte, habe ich bei Sansha im Lichtzentrum Essen (www.lichtzentrum-essen.de) die Ausbildung:
„Die Heilquellen der Elfen und Feen" gemacht. Zum
Abschluss dieser Ausbildung, bekam jeder von uns
ein eigenes Mond-Ritual. Sansha ging mit jedem
einzeln in einen separaten Raum und holte für uns
Informationen für unser eigenes Ritual ab. Der Rest
der Gruppe wartete ungeduldig in der Küche. Als
ich endlich dran war, ging ich voller Aufregung in
den Behandlungsraum, ohne einen blassen Schim-
mer zu haben, was da auf mich zukommen würde.
Es war der Hammer. Sansha versenkte sich in Meditation und sprach dann zu mir: „Yona, Du bist die
Mutter der Naturwesen. Deine Aufgabe ist es, die
Sprache der Wesen so zu transportieren/übersetz-
zen, dass die Menschen es annehmen können. Bist

Du bereit, Dein Mutter-Sein wieder anzunehmen?"
Ich brauchte nicht lange zu überlegen: „Ja!" Sagte
ich. „Ich nehme mein „Mutter-Sein" an." Daraufhin
sprachen verschiedene Naturwesen zu mir. Diese
Botschaft möchte ich gerne an Euch weitergeben.
Drachen: Wir sind viele Wesen, wir sind weise und
wollen helfen, dass die Welt eine bessere wird.
Führe uns und verbinde uns mit den anderen Wesen, so dass wir eine Einheit bilden. Du hast die
Kraft, zwischen den Wesen zu vermitteln. Die Zeit
ist reif.

Zwerge: Wir sind klein, aber wir sind mächtig. Wir
leben tief in der Erde verborgen und hüten ihre
Schätze. Hilf uns, die Qualität dieser Schätze wieder ans Tageslicht zu bringen und in der Welt zu
verankern, damit mit ihrer Hilfe mehr Frieden, Liebe und Licht auf die Erde kommen kann. Wir sind
bereit.

Elfen: Wir fliegen durch die Lüfte und wir sehen viel.
Noch verstecken wir uns, weil wir Angst haben, uns
zu zeigen. Doch wir sind bereit, uns immer mehr
zu zeigen und den Menschen zu helfen. Hilf uns,
mit den Menschen in Kommunikation zu treten, so
dass wir helfen können. Auch wir freuen uns auf
die neue Welt, in der wir gemeinsam miteinander
leben.

Feen: Wir wollen Frieden und Freude. Wir sind bereit, am großen Ganzen mitzuwirken. Ihr müsst uns nur um unsere Hilfe bitten. Wir warten nur darauf, gerufen zu werden und wir haben eine Bitte an Euch: Geht achtsam mit der Natur und den Wesen um, helft uns die Natur wieder aufzubauen und ihre Qualität wieder zu verbessern.

Krokodile: Auch wir sind Lichtwesen, die noch sehr im Verborgenen sind. Von wenigen gemocht. Aber auch wir haben unsere Aufgaben auf der Welt, auch wenn sie noch weitestgehend unbekannt sind. Wir sind noch nicht bereit, in den Kreis der anderen Wesen einzutreten. Wir brauchen noch Zeit, uns selber zu finden. Aber die Zeit wird kommen, dass wir bereit sind mitzuwirken. Unsere Heimat sind die Flüsse und das ist auch unser Aufgabenbereich.

Schlangen: Das Verehren der Schlangen hat eine alte Tradition. Unsere Heilkräfte sind den Menschen wohl bekannt. Diese Kräfte möchten wir dem Ganzen zur Verfügung stellen. Geht achtsam mit dem Wissen um, das Ihr bekommt. Es könnte sich auch schnell ins Gegenteil verwandeln.

Das Ritual selber brachte mich mal wieder in meinen Prozess. Es gibt keinen festen Ablauf, an den ich mich halten kann/muss, sondern ich darf aus meinem Herzen heraus agieren (eine Sache, die ich in meiner spirituellen Laufbahn immer wieder lernen darf). Nachdem alle fertig waren, vollzogen wir alle gemeinsam ein wunderschönes Mond-Ritual, bei dem jeder sein eigenes Ritual mit einbrachte. Bei meinem Ritual stellte ich mich in die Mitte des mit Blättern und Blüten umrandeten Kraftkreises. Dort erhob ich meine Hände und lud alle Lichtwesen ein, zu uns zu kommen und gemeinsam an unserem Ritual teilzunehmen. Ich hatte kaum die Arme erhoben, da kamen sie auch schon aus allen Richtungen an. Sie gesellten sich zu mir in und um den Kreis und die Energie war umwerfend! Seit ich weiß, dass ich die Mutter der Naturwesen bin, wird mir so einiges klarer. Meine Aufgabe als Vermittlerin zwischen den Menschen und den Naturwesen. Warum sich mir bei der Landschaftsheilung immer wieder Wesen zeigen. Die Zuständigkeit, für so viele lichtvolle, aber auch mit Dunkelheit behaftete Naturwesen. Dieser starke Wunsch, die dunklen Wesen zurück ins Licht zu führen. Und warum die Wesen auf das hören, was ich ihnen sage (meistens jedenfalls).

Yona aus D-Kerpen. Physiotherapeutin, Cranio Scral Therapeutin, Alpha Chi Consultant, Heilkräfte der Elfen und Feen, www.Yona03.de.tl

Naturwesen, meine Bambinos

Ich wurde von Suraya liebevoll noch mal erinnert, bei den Tatsachenberichten mitzumachen und war gerade im Begriff abzusagen. Dann haben sich ganz viele Wesen bei mir gemeldet, dass ich mitmachen soll... Es ist mir nicht leicht gefallen, mein Herz zu öffnen, mich hinzusetzen und mich zu öffnen für die Begegnung und vor allem, diese in Worte zu fassen. Doch bekam ich sehr viel liebevolle Unterstützung von den Wesen und von Suraya. Vielen, vielen Dank an Euch alle :-)

Es sind ganz viele Wesen da; das berührt mich sehr. Jetzt lachen sie alle, wenn ich das schreibe. Das ist total lustig, weil sie alle so ein unterschiedliches Lachen haben, mal ganz sanft und hoch, mal ganz laut und kräftig.
Jetzt ist es genug, soll keine Analyse werden, meinen sie. Mich nimmt jetzt gerade einer an die Hand und möchte mir was zeigen, doch dann melden sich die anderen, die auch was von mir wollen. Für mich sind es wie ‚Bambinos‘, sie wollen auf meinem Schoß sitzen, meine Aufmerksamkeit, gesehen werden, meine Nähe und meine Liebe.
Jetzt habe ich mit meiner linken Hand Sternenstaub verteilt - das genießen sie. Ein dickerer Erdiger hinter mir meldet sich und schnauft ganz kräftig. Ich finde es total lustig, weil er mich ‚nachmacht,‘ wie schwer es doch alles ist und jetzt lachen wir ge-

meinsam und alle lachen mit und schon ist alles ganz leicht.

Jetzt meldet sich ein großes, stattliches, männliches Wesen: ein Zauberer. Er möchte bewundert werden und setzt sich neben mich auf den Stuhl. Ich soll ihm meine Hand reichen. Das ist wunderschön für mich, dadurch spüre ich in mir meinen männlichen, liebevollen erhabenen Anteil.

Jetzt soll ich meine Schuhe ausziehen. Das ist genial, jetzt kitzeln sie mich und massieren meine Füße. Sie möchten, dass ich mich entspanne, und dass ich alles loslassen darf. Wie, wenn sie mich mit unter die Erde nehmen und ich eine Tiefenentspannung bekomme; das geht über die Füße langsam hoch durch den ganzen Körper.

Wollte wieder aufhören mit schreiben, doch dann meldet sich noch einer hartnäckig mit einer Botschaft an alle:

Tuma tuma lumpi yesaija kaluma tito como
Tasa napi yenaia kala
Masa kuala yesaia
Kanu osolah manah kuala yesaia

Love
Mandarin

Mandarin aus D-Emmendingen, Spirituelle Lehrerin, Kristallheilerin, www.mandarin108.info.

Das Erwachen der Wesen

Hatte körperlich Herzrasen und totale Unruhe in mir und das Gefühl, ich kann das nicht mehr ausbalancieren. Es geht mir erst besser, seitdem ich vertraue, dass diese Unruhe von den Wesen kommt, und dass sie möchten, dass ich mich hinsetze und aufschreibe, was sie zu sagen haben...

Eine zarte, feine Stimme aus dem Elfenreich meldet sich. Sie singt, tönt ganz sanft sich in mein Herz hinein. Sie hilft mir dabei, mich zurückzulehnen, zu entspannen und loszulassen. Jetzt beginnen ganz viele von den Elfen in bunten zarten Farben um mich herum zu tanzen. Es sind Tänze voller Harmonie, Frieden, Gemeinschaft, Eins-sein.
Jetzt meldet sich ein kleiner dickbäuchiger Zwerg. Das mit dem ‚klein' gefällt ihm nicht. Er möchte mir seine Größe zeigen, indem er mich mitnimmt in das Zwergenreich, leicht unterhalb in der Erde. Da ist soviel los, sie arbeiten, sind beschäftigt und überall ist Lachen.
Jetzt werde ich ins Drachenreich geführt; das berührt mich sehr, da ist alles golden auf dieser Ebene. Dort findet gerade sehr viel Umwälzung statt, wie, wenn die Drachen mithelfen das Feuer, das Herz von Mutter Erde, wieder freizulegen. Gleichzeitig finden dort viele Erschütterungen statt. Es ist der Platz tief im Innern der Erde, wo das Christuslicht in Schöpfung tritt. Die Drachen unterstützen

diesen Prozess, so dass das Christuslicht leichter herausfließen kann. Sie unterstützen den Geburtsprozess der Erde. Gleichzeitig werden dadurch viele traumatisierte Wesen, die sich schon lange zurückgezogen haben, wieder erweckt und können langsam wieder aus ihrer Versenkung hervorkommen, ganz viele Drachenwesen. Das berührt mich sehr.

Jetzt legt ein Drache seinen Kopf auf meinen Bauch und ich streichle ihn und ein tiefer Frieden entsteht in mir. Die Drachen sind erschöpft. Es sind viele Tränen da, weil sie so lange nicht da war, diese Shakti-Ebene, die Lebensraum für viele Wesen gibt.

Es geht darum, bewusst ,Ja' zu sagen und mit einem bewussten großen Schritt das Alte zu verlassen und in die neue lichtvolle Dimension hineinzugehen. Om Namah Shivaya.

Herzlichen Dank an alle Wesen in allen Welten!

Mandarin aus D-Emmendingen, Spirituelle Lehrerin, Kristallheilerin, www.mandarin108.info.

Die Elementarwesenwelt in Freiburg
(transkribierte Audio-Datei)

Station 1 im Frühjahr 2001
Eine Klientin berichtete, dass sie sich einen Schrebergarten angemietet hatte. An einem sonnigen Tag erlebte sie dort einen Tagtraum. Intuitiv erkannte sie, dass die Beete ihres Gartens angeordnet waren wie die Stadtteile von Freiburg. Sie ordnete sie gerade zu: „Dann ist das da drüben St. Georgen, hier ist die Innenstadt und dort ist Littenweiler," als genau in jenem Moment aus dem Beet Littenweiler ein lautes „Autsch!" ertönte. Sie schreckte aus ihrem Tagtraum auf und sah dort eine rote Mohnblume, die offenbar ihren Traum unterbrochen hatte. Ihr erster Gedanke war „Was ist denn da in Littenweiler los?" Als sie es mir zu dieser Zeit erzählte, konnte ich mir darauf keinen Reim machen... so kam es zu Station 2.

Station 2 im Frühjahr 2001
Eine weitere Klientin, sie experimentierte mit ihrer Wahrnehmung, wollte mir einen Kraftplatz in Littenweiler zeigen, den sie als besonders schön empfand. Es war ein kleiner öffentlicher Garten mit ein paar Bäumen und bodennahen Pflanzen. Gemeinsam gingen wir dorthin, doch der Platz war ganz schrecklich. Enttäuscht wunderte sich die Klientin, was dort los sei. Noch vor kurzer Zeit, sei es dort so wunderschön gewesen. Ich befragte mei-

ne innere Führung, es war Sai Baba. Doch anstatt zu antworten, lief er ca. 50 Meter weiter und blieb mitten auf einer verkehrsberuhigten Straße stehen und deutete mir, zu ihm zu kommen. An dieser Stelle sollte ich sein Licht ausdehnen. Als ich das tat, was mir nur schwer gelang, rief die Klientin: „Schau mal, jetzt ist der Platz wieder in seiner Kraft!" Als ich zu ihr kam, war er genauso scheußlich wie vorher. Ich zeigte ihr die Stelle mitten auf der Straße und ließ sie dort Sai Babas Licht ausdehnen mit gleichem Ergebnis. Sobald also einer von uns dies tat, war der Platz wieder in seiner wunderschönen Kraft. Wir rätselten, was mit der Straße los war, warum man dort das Licht von Sai Baba ausdehnen musste, damit der Platz seine Klarheit bekam. Sai Baba zeigte ein Lineal. Wir sollten auf einer Landkarte, die Orte miteinander verbinden und die Linie verlängern.

Ungefähr einen Kilometer weiter befand sich eine Baustelle... die Baustelle des Freiburger Tunnels, der damals gegraben wurde. Freiburg besitzt heute einen, ich glaube 5 Kilometer langen Tunnel. Damit dieser gegraben werden konnte, wurde der Konrad-Günther Park damals durchschnitten. Jahre zuvor gab es deswegen heftige Demonstrationen in Freiburg. Dieser Park ist ein uralter Wald mit weit über hundertjährigen Eichen und anderen Bäumen, ein richtig toller alter Wald. Den zu durchschneiden, um einen vierspurigen Tunnel zu bauen, hatte zu heftigen Demonstrationen geführt. Was ich jedoch erst im Nachhinein erfuhr, denn meine Anfangszeit in Freiburg begann im Frühjahr 1999, als ich damals in Amritabha wohnte. Die Baustelle, die diesen Tunnel vorantrieb, hatte gerade einen wichtigen Kraftplatz erreicht. Dieser schien über eine Kraftlinie, mit der von Sai Baba gezeigten Stelle auf der Straße, und dem viel kleineren Kraftplatz in Littenweiler, verbunden zu sein. Wir nahmen uns vor, diesen Platz im Konrad-Günther Park aufzusuchen, um zu prüfen, ob wir irgendwie helfen könnten.

Es gibt verschieden Möglichkeiten zu helfen, entweder es gelingt, den Platz wieder in seine Struktur zu bringen, indem Himmel, Erde und die Liebe der Umgebung miteinander verbunden werden. Oder aber, man muss Alternativplätze anlegen, da häufig durch bauliche Veränderungen der Sinn des ursprünglichen Platzes nicht mehr herzustellen ist. Dies war hier der Fall. Was wir noch nicht wussten war, dass eine lange Kraftlinie aus dem Schwarzwald kommend, bodenständige Energie nach ganz Freiburg brachte. Der Tunnel durchschnitt sie der Länge nach, so dass nicht nur der Kraftplatz, sondern auch die Kraftlinie sehr empfindlich gestört waren.

Wir nahmen uns also vor, den Platz aufzusuchen, doch dann überschlugen sich ein paar Ereignisse.

Auf ein Mal ging es dem kompletten Baumbestand von Freiburg schlecht. Meine eigene damals siebenjährige Tochter erzählte, dass alle Bäume die Stadt verlassen wollten. Auf meine Nachfrage meinte sie, „Die hängen nur noch in den Kronen!" Tatsächlich fand man in vielen Straßenzügen Bäume, die entweder eine sehr zittrige Ausstrahlung hatten oder deren Aura - so wie man sie kennt, wenn man sich unter einen großen Baum stellt, der einen segnet und Erholung schenkt - diese Aura war hoch gerutscht in die Kronen, mit der Tendenz diese am liebsten verlassen zu wollen. Ein zentraler Baum auf dem Freiburger Münsterplatz, unter den sich viele Menschen setzten, um Erholung zu finden, und selbst unbewusst jede Menge Erholung fanden, war plötzlich auch davon befallen völlig unruhig zu sein. Bis er schließlich, wie vom Boden abgerissen, von seiner Aura-Ausstrahlung nur noch im Kronenbereich spürbar war, was den ganzen Münsterplatz wie hohl erscheinen ließ. Wer sich mit dem Herzen in den Boden hinein bewegte, spürte Angst, eine sehr zittrige Energie.

Als ein japanischer Journalist, der für eine japanische Forstzeitung schreibt, erzählte, er hätte gehört, dass Freiburg genau seit jenem Jahr einen eigenartigen Pilzbefall der Bäume hatte, den sich in dieser Ausbreitung niemand erklären konnte und der die Stadt ratlos gemacht hatte, besuchten wir endlich den Konrad-Günther Park und seinen parallelen Park auf der anderen Seite des Tunnels, dort wo das Waldkurbad ist. Entsetzt stellten wir fest, dass es in dieser riesigen Anlage kaum einen Quadratmeter gab ohne Schmerz, ohne Vernebelung oder Vergessenswunsch, ohne Ratlosigkeit, ohne Traurigkeit. Wir fanden alle Arten von Gefühlen und nur eine ganz geringe Anzahl an sehr starken Bäumen mit Zehntausenden von Elementarwesen, die offenbar Schutz suchten, die in ihrer Anstrengung noch das Licht zu halten bewundernswert waren. Mich machte der Park damals sehr betroffen; wie Elementarwesen so leiden können, wie sich diese Emotionen von Ratlosigkeit bis Traurigkeit zu vergessen wollen, von vernebeln bis wegwollen von diesem Planeten in Gruppen aufspaltete, so dass man alle paar Meter eine andere leidende Emotion fand. Die Büsche waren voll, die Bäume waren voll, bis auf ganz wenige Ausnahmen, Plätze wo man noch sagen würde, da war noch Kraft zu spüren. Die war aber so überdreht, wie wenn in Krisenzeiten jemand das Licht für alle hält.

Wir nahmen eine Landkarte und spürten nach, was sich nach Meinung der inneren Führung für Heilungsmöglichkeiten ergeben könnten. Und die fühlende Hand auf der Landkarte erkannte einen alten Erdmeridian, eine Kraftlinie mit einer bodenständigen, man kann sagen Wurzelchakra gleichen Erdenergie, die offenbar mit einer leicht geschwungenen S-Kurve an Kirchzarten vorbei aus dem

Schwarzwald kommend, ganz Freiburg mit einer Bodenenergie versorgt hatte.

Es ist für das Herz durchaus möglich, mit solchen Empfindungen mal in die Vergangenheit zu gehen und zu schauen, wie es früher war. Diese Kraftlinie kam genau in jenem Park an, die Energie wurde von den vielen Zwergen und Elementarwesen umgewandelt, um sich dann als eine sanftere Energie, die auch Elfenkraft enthielt, in ganz Freiburg zu verteilen. Die umgewandelte Energie war zugänglicher für Pflanzen, Menschen und Wesen als die ursprüngliche, raue Energie. Also war damals vor dem Bau des Tunnels der Konrad-Günther Park ein wichtiger Umschlagplatz für eine Schwarzwald-Energie, um die Bodenenergie Freiburgs zu halten.

Die Bäume hatten offenbar darauf reagiert, dass diese Energie nicht mehr da war, dass sich stattdessen die Energie der von Angst und Traurigkeit gelähmten Elementarwesen ausbreitete. Mir der suchenden und fühlenden Hand auf der Landkarte ließ sich beim besten Willen kein alternativer Weg finden, wie man diese Kraftlinie wieder an den Konrad-Günther Park hätte anschließen können, so dass diese umgewandelte, sanftere Energie ganz Freiburg erreichen würde.

Es gibt eine Haltung, mit dem Herzen in Einheit mit der Liebe der Erde auf eine Landkarte zu schauen, und dabei zu erkennen, was „sein soll", was „entstehen darf": Entweder mit dem Gebet im Herzen: „Mutter Erde, sei Du meine Liebe, und lass mich in Deiner Liebe erkennen, wie es weiter geht". Oder, indem man mit dem Herzen geradewegs durch die Landkarte in den Mittelpunkt der Erde schaut, und diese Dinge (Struktur, Anweisung) dort erschaut. Mutter Erde hat immer einen Plan - auch dann, wenn unmögliche Dinge geschaffen und gebaut werden, gibt es oft auch eine Alternative.

Mit dieser Haltung erkannten wir eine ganz andere Kraftlinie, die bei Kirchzarten, dort wo der Tunnel endet, wie abgeholt wurde und komplett neu verlegt wurde. Genau genommen über den Stadtteil Ebnet. Die nördliche Wiese am Dreisam-Ufer vorbei, unterhalb des Galgenberges vorbei und dort die Karthäuserstraße entlang mit einer Kurve hinauf zum Schloßberg. Das ist der zentrale Berg, den man hinter der Altstadt von Freiburg sieht. Aus verschiedenen Büchern, allen voran von Marco Pogacnik, hatten wir gelesen, dass man viele Erdmeridiane mit Kupfer umlenken kann. Auch hatten wir gelesen, dass sich Elementarwesen mit Steinen transportieren lassen. Heute würde ich es einfacher machen, indem man mit dem Herzen eine Brücke baut, aber damals war es das passende Mittel der Wahl.

Eine geomantische Aktion folgte, bei der wir das, was wir auf der Landkarte - geführt durch Mutter Erdes Liebe auf der Karte - eingezeichnet hatten, suchen gingen. Und wir fanden tatsächlich eine starke und doch gestaute bodenständige Energie bei Kirchzarten und begannen mal probeweise mit Kupfer, das wir in Form von unzähligen Stangen, die alle 30cm lang waren mit einem Faust-Hammer in den Boden schlugen. Hier sammelte sich tatsächlich der Fluss dieser Energie und wir konnten ihn in einer Kurve aus genau diesen Nadeln in die neue Sollbahn umleiten.

Das Höllental, das wir in diesem Zusammenhang auch besuchten und das in diesen Zeiten unheimlich dicht war, wie von einer stehenden Energie, in der man sich kaum noch ausdehnen konnte, entspannte sich für einen Moment, um sich allerdings kurze Zeit später wieder in Richtung Stagnation zu bewegen. Es bedurfte einiges an Geschick, diese ganzen Stellen zu finden, wo der Meridian entlang gelegt werden konnte, weil die ganze Region und die alten Landkarten nicht mehr miteinander übereinstimmten. Schließlich gelang uns ein Anfang und um beim nächsten Mal noch mehr Mithelfer zu haben, setzten wir kurz darauf eine ganzseitige Anzeige in die Freiburger spirituelle Zeitschrift Labyrinth, heute Living Art Magazin. Ein Infoabend sollte folgen, um die Menschen darauf vorzubereiten, was wir vorhatten.

Es ist eine Weisheit, eben auch von Marco Pogacnik, dass, wenn man die Öffentlichkeit über geomantische Aktionen informiert, noch mehr Heilung
möglich ist, weil mehr Herzen den Fluss des Neuen
fördern. Deswegen haben wir diese Anzeige auch
in die Zeitschrift gesetzt, um möglichst viele Menschen, auch die normale Bevölkerung, teilnehmen
zu lassen.

Mit dem Erscheinungstag kam ein Journalist der
badischen Zeitschrift in meine Praxis, er hätte diesen Artikel interessant gefunden und fragte, wie
das denn alles zu verstehen wäre. Und oh Wunder,
ein halbseitiger Artikel erschien am nächsten Tag
in der badischen Zeitung mit der Überschrift „Wir
legen einen Beipass." Denn geplant war, diesen
Kraftmeridian umzulegen, wie in einem Beipass,
damit die Kraft Freiburg wieder zugänglich sein
könnte. Und darin ein ausführliches Interview um
genau jenes Vorhaben und mit ein paar Plätzen
wo die Freiburger verschiedene Bäume erspüren
konnten.

Es kamen dann zum Infoabend rund 17 Menschen.
Auf meine Nachfrage, wer denn aufgrund des Artikels in der spirituellen Zeitung kam, meldete sich
ein Mensch. Auf meine Nachfrage wer aufgrund
des am Vormittag erschienen Artikels gekommen
war, meldeten sich alle anderen. Eine schöne Ge-
legenheit also, vielen der Freiburger Spiritualität

und Geomantie mal näher zu bringen. Gemeinsam schufen wir eine große Rauminstallation, indem wir die Energien von Freiburg bis zum Schwarzwald stadtteilweise aufbauten.

Es gibt spirituelle Techniken, Energien in den Raum zu holen und sie durch die Zeit vor 20 Jahren, vor 15 Jahren, vor 10 Jahren usw. laufen zu lassen. Man spürte einen ordentlichen Schmerz im ganzen Bereich in dem Jahr in dem die meisten Bäume gefällt worden waren, damit später der Tunnel gegraben werden konnte. Und man spürte einen starken Stau im Höllental, genau in dem Moment, wo der Tunnel den Erdmeridian schnitt. Wie gesagt, er lief auf langer Ebene parallel, je weiter an ihm gebaut wurde, desto mehr staute sich das Höllental zu. Man konnte im Raum hin und her gehen, die Freiburger und diese und jene Energie spüren. Als die Baumaßnahmen den Kraftplatz erreichten, von dem wir Eingangs erzählten, der offenbar zum „Autsch!" in Littenweiler geführt hatte, konnte man deutlich spüren, wie die Bodenenergie in Freiburg, die dem Wurzelchakra entspricht und Menschen wie Pflanzen Halt gibt, plötzlich abebbte und stattdessen einer Unruhe wich.

Ein paar interessante Rückmeldungen kamen von den Freiburgern. Ein Mensch, der im Höllental wohnt, erzählte, dass er anhand der Installation im Raum nun seine Entwicklung versteht, die er in den vergangenen Jahren gemacht hatte. Die Stagnation hätte er genau so erlebt, wie es für uns in der Installation im Vortragsraum fühlbar war.

Nach dem Vortrag folgte in der Woche darauf die eigentliche Aktion. Wir hatten nun ein paar mehr Helfer, die bereit waren, einen insgesamt 4 bis 5 Kilometer langen Beipass zu legen. So schlugen wir gemeinsam, ich weiß nicht wie viel, Kupfer in den Boden. Immer wieder spürten wir nach, wie sich die Energie unter uns sammelte, gingen sie ab. Immer wenn wir merkten, dass die Energie stagnierte, gingen wir ein paar Schritte zurück, entlang der Route auf der Landkarte, um die nächsten Kupfernadeln in den Boden zu stechen. Teilweise entlang von Bürgersteigen, teilweise in freien Geländestücken, an Feldrändern oder mitten im Wald. Man kann sagen, später wurde die Energie, die dem Kupfer folgte, ein breiter Strom, der heute - würde man alle Nadeln heraus nehmen - weiter fließen würde.

In der Geomantie geht es ohnehin darum, dass man Dinge anregt, aber nicht zwingt. Man könnte sagen, wir haben das Bachbett gelegt, aber der Bach, der Fluss der Energie, wie er heute mit seiner Breite ganz Freiburg wieder füllt, dieser Fluss sucht sich seine letzte Position am Ende selbst, indem er fließt wie eben ein Bach fließt. Angeregt werden musste er, denn er hätte aus eigener Kraft am Tunnel wahrscheinlich in diesem Jahrzehnt und auch in den nächsten Jahrzehnten nur schwer wieder weiter gefunden.

Dann galt es, die Elementarwesen umzusiedeln. Dazu zeigte uns die innere Führung, dass wir entlang der Methode von Marko Pogacnik erstmal einen riesigen Haufen von Steinen zeremoniell anbieten sollten und zusammen mit dem Elementarwesengott Pan die Elementarwesen einladen, die hierher finden konnten, um später transportiert zu werden. Marco Pogacnik beschreibt, dass Elementarwesen eine Art Fixpunkt auf Steine verlagern können, um dann transportfähig zu sein und sich später dann wieder auf andere Dinge, wie Pflanzen usw. zu beziehen. Das dürfte aus der Schule der Geomantie entnommen sein - wie sein Buch heißt - oder aus Wege der Erdheilung. Das waren die Bücher, die ich damals gelesen hatte.

Aber wie bringt man die Elementarwesen dazu, dann wirklich in die Steine zu gehen, bzw. sich von dem Schmerz zu lösen, um zu erkennen, dass da überhaupt ein Angebot für sie war? Einer der Bäume, der die Kraft aufrecht gehalten hatte, um für alle zu sorgen, wurde plötzlich hell wach. Den baten wir, unser Ansinnen, die Elementarwesen einzuladen und sie zu bitten in die Steine zu gehen, in ihre eigene Sprache, ihre eigene Art der Kommunikation zu übersetzen und sich über dem ganzen Platz auszudehnen, was er dann auch tat.

Wir gingen dann über 3 vielleicht 4 Stunden herum, suchten jeden Winkel ab, wo die innere Führung uns hinführte und dehnten aus unserem Herzen Kräfte aus, die wir zuvor jeweils empfunden hatten. Mal Christus, mal Maria, mal Shiva, mal Babaji, mal Sai Baba, mal Agni, mal Mutter Meera, mal Pan, mal Krishna, mal Kali. Es gab viele Stellen, an denen es durchaus schwer war, diese Kräfte auszudehnen. Mal kamen Sturzbäche von Traurigkeit aus den Büschen, die aber dann in der Energie unserer Herzen offenbar Führung fanden, sich dem Baum anvertrauten und in die Steine gingen. Als wir bei den Steinen ankamen, war es ein lustiger, buchstäblich bunter Haufen. Jeder nahm eine Menge dieser Steine an sich, trug sie vor dem Herzen und wir gingen zum Schlosspark wo wir sie dann alle wieder auspackten.

An dieser Stelle gibt es eine kleine Anekdote zu erzählen. Fast immer, wenn für solche geomantische Aktionen schlechtes Wetter angesagt ist, hatten wir trotzdem ganz hervorragendes Wetter. Ich deute das so, dass die Erde selbst für Wetter sorgen kann und wenn eine geomantische Aktion richtig ist, dann sorgt sie auch für das passende Wetter. Das hatte ich auch angekündigt, nachdem die Menschen meinten: „Ja machen wir das wirklich an dem Tag, es ist doch schlechtes Wetter angesagt?" Und ich war selbstsicher und sagte: „Natürlich, bisher war immer gutes Wetter. Mutter Erde hat da einfach einen Spezialzugang, um dafür zu sorgen." Und dann regnete es doch, es regnete in Strömen um neun Uhr und um zehn Uhr als wir anfingen, regnete es immer noch deutlich. Gegen halb elf hörte der Regen auf, so dass wir die meiste Arbeit im Trockenen machen konnten. Ich fragte mich, warum diese Stunde Regen sein musste. Abends blätterte jemand in der Zeitung und wir mussten lachen. Die SPD hatte an diesem Tag ein Wald- und Wiesenfest im Konrad-Günther Park mit allen möglichen Aktionen geplant. Kurzfristig wurde das Fest aufgrund des angesagten schlechten Wetters abgesagt. Und tatsächlich erschien niemand und so hatten wir den Wald für uns. Es wäre schwierig gewesen, unsere Aktion der Erlösungsarbeit - die Stunden dauerten parallel zu dem Wald- und Wiesenfest - durchzuführen.

Wir bereiteten den Schlossberg vor. Die genaue Lage ist zwischen der Stadtmitte zugewandten Seite des Berges, rechtsherum die Karthäuserstraße entlang, bis zum Weinberg. Zwischen Weinberg und der vorderen Seite, die Richtung Stadtmitte zeigt, gibt es eine riesige Mulde und genau dort war der Platz an dem wir dann Himmel, Erde und die Liebe der Umgebung verbanden, um einen Kraftplatz zu schaffen und die Steine hin legten und aus denen sofort wieder Zwergen, Elfen und Elementarwesen heraus hüpften. Spürbar floss wieder Energie in Freiburg ein und die Symptome änderten sich, noch am selben Abend konnte man eine schöne Energie spüren, welche die Stadt seitdem wieder stabilisiert. Eine bodenständige Energie, auf der man stehen kann, die Bäume kamen in der Woche nach und nach zurück. Den Pilz gab es im nächsten Jahr fast nicht mehr, was die Stadtgärtner offenbar erneut überraschte. Und seither hat der im Ausmaß fast einen Kilometer große Kraftplatz am Schlossberg genau die Funktion übernommen, die vorher der alte Kraftplatz hatte und seitdem ist sozusagen der Spuk vorbei.

Auf der Südseite des Tunnels formten wir noch einen Ableger, indem wir uns später noch einmal trafen und weitere Kupfernadeln legten. So wird auch die Südseite des Tunnels mit Energie versorgt, allerdings nicht mehr mit derselben Kraft, denn hier sind viele Zugänge, die für die Landschaft mal wichtig waren, nun zum Schlossberg abgewandert. Wo das Ganze nach heutigem Stadtbild und Bebauung eigentlich sogar viel besser hin passt als in der Vergangenheit. Der Wald fühlt sich seitdem sehr schön an, man kann sich wieder erholen und neue Qualitäten sind entstanden.

Die vielen Freiburger, die damals den Artikel lasen, (ich weiß nicht genau, wie hoch die Auflage der Badischen Zeitung ist) konnten an diesem Geschehen Anteil nehmen. Dadurch, dass Freiburg eine spirituell sehr offene Stadt ist, konnten wir zumindest nachspüren, dass es viele waren, die das ganze Werk auch ohne aktiv teilgenommen zu haben, mit ihren Herzen unterstützt haben. Wochenlange Leserbriefe zum Thema spiegelten das ein wenig.

Andreas Lohmann aus D-Freiburg, D-Berlin und I-Venedig, Heilung für Mensch und Erde, www.auradiagnose. com. Arbeitsschwerpunkte: Geomantische Landkartenanalysen für Lichtzentren, Seminarhäuser, Lebensgemeinschaften und privat Engagierte.

Baumgesichter ⌃

Tore zur

Anderswelt

Über das Bild kannst Du Dich mit diesem „Tor" verbin- ⌃
den und in einer Meditation in die Anderswelt reisen.

Märchenhafte Begegnungen oder Realität?

...ich stehe in einem Wald und nehme die Energien rund um mich herum wahr. Es scheint mir, als ob sich die Energie des Waldes wie ein schützender und wohltuender Umhang um mich legt. Langsam verliere ich mich in meinen Gedanken...

Was ist eigentlich dran, an den Geschichten der Anderswelt? Faune, Feen, Erdgeister... – gibt es sie wirklich? Dort drüben vielleicht? Ich schaue auf eine Ansammlung von kräftigen und hoch gewachsenen Farnen... sollen dort nicht Erdwesen wohnen? Ich lasse meine Gedanken ziehen und schließe die Augen. Eins mit der Natur, genieße ich die wohlig-würzige Luft und gehe gedanklich zu einem alten Baum in meiner Nähe. Ich fühle seine Energie, betrachte seinen Stamm und schwebe mental langsam an ihm nach oben. Plötzlich entdecke ich, so etwa nach zwei Drittel Höhe, eine kleine Holztür mitten im Stamm. Ich bin verwundert, denn sie war doch vorher nicht da. Träume ich?

Doch irgendetwas zieht mich magisch zu dieser Tür hin. Als ich nahe genug an sie herankomme, sieht sie für mich aus wie eine normalgroße Tür und zu meiner Verwunderung lässt sie sich sogar öffnen. Ich trete ein. Wie von magischer Hand gezogen, werde ich im Inneren des Stammes sanft von oben nach unten, und von unten wieder nach oben getragen. Ich spüre eine gewaltige Kraft, die hinter dieser Sanftheit steht und bei meinen Gedanken, die in mir emporsteigen, kommt mir ein Lächeln entgegen. Als sich meine Gedanken zu Fragen umformten, bekam ich sogar Antwort......

Ich stellte zu meinem Erstaunen fest, dass - welche Kraft auch immer dahinter stecken mag - für mich vom Baum ausgehend, sich um mich gekümmert wurde, und zwar in allen Belangen. Ich hielt mich noch eine Weile in dem Baum auf, bis ich schließlich wieder zu meinem Körper zurückfand und die Augen öffnete. ...welch seltsame, aber auch wundervolle Eindrücke und Gefühle hatte diese Reise in mir hinterlassen? Habe ich wirklich mit einem Baum Kontakt aufgenommen und mit ihm kommuniziert? Haben Bäume ihre eigene Seele? Für mich ist diese Art, mit der Natur in Verbindung zu treten, inzwischen alltäglich geworden. "Energetische Baum- und Steinreisen" sind meines Erachtens möglich und fördern nicht nur das eigene Wissen um die Natur, sondern ermöglichen uns zudem den Kontakt zu den Wesen der Elemente...

"... die ganze Natur ist erfüllt von unsichtbaren Wesen... einige sind hässlich, oder verwachsen, andere boshaft oder närrisch, viele aber sind derart schön, wie wir es noch nie gesehen haben, und diese Schönen sind nicht weit, wenn wir an stillen, freundlichen Plätzen spazieren gehen." (William Butler Yeads / 1865 - 1939)

Der Zugang in diese Anders- oder Astralwelt ist meiner Erfahrung nach fließend. Es gibt keine gesteckten Grenzen, außer unserer eigenen, mental aufgebauten Barriere. Durch unsere materiell geprägte Sichtweise ist es für uns jedoch oft schwierig, diesen Zugang im normalen Wachzustand zu entdecken.

Sobald wir aber in den Schlafzustand fallen, dehnt sich unsere Seele sozusagen über die materielle Ebene hinaus, in die astrale Welt hinein. Anders ausgedrückt, wechseln wir mit unserem feinstofflichen Körper die Ebene, um z.B. für uns wichtige Erfahrungen und Erkenntnisse aus dem Alltagsgeschehen auf der Astralebene zu verarbeiten. Erinnern wir uns im Wachbewusstsein nach dieser Schlafphase an Teile dieser seelischen Erfahrungen, bezeichnen wir dies als Traum.

Während dieser Traumphasen tauchen wir in eine fast grenzenlose Welt ein, in der es uns möglich ist, zu fliegen, mit Tieren zu kommunizieren, mit Elfen zu spielen, mit Zwergen und Pflanzendevas zu reden, Informationen von Engeln zu erhalten, oder sich mit verstorbenen Seelen auszutauschen... In diesen Phasen schöpft unsere Seele neue Lebenskraft und stärkt uns u.a. auf diese Weise für die Herausforderungen des Alltags. Nur zu selten erinnern wir uns an diese abenteuerlichen Traumreisen. Die Frage ist allerdings, ob unser beschränktes Normal-Bewusstsein in der Lage wäre, die gesamte Fülle dieser Eindrücke zu ertragen und in Folge auch noch zu verarbeiten...

Menschen mit ausgeprägten paranormalen Fähigkeiten, wie Schamanen, Druiden, Magier, Hexen („weise Frauen"), besitzen seit alters her die Fähigkeit, ganz bewusst in diese astralen Welten einzutauchen und dort absichtlich zu handeln. Sie reisen bewusst in diesen Ebenen, um sich dort von Engeln, Elben, Elfen oder Devas allgemeine wie naturheilkundliche Informationen, aber auch Inspiration zu Heilenergien zu holen, um feinstoffliche Störungen im energetischen Umfeld des Menschen zu beseitigen, verlorene Seelenanteile zu suchen, magische Manipulationen abzuwehren, usw. In dieser Dimension lassen sich Störungen abwenden, noch bevor sie sich in der materiellen Ebene manifestieren, oder so sie sich bereits manifestiert haben, durch die Aufhebung der feinstofflichen Ursache lösen. Auch ich nutze diese Kontakte ganz bewusst und gebe das Wissen, sowie die Zugangsmöglichkeiten zu verschiedenen Arten der Bewusstseinsdialoge in Vorträgen und praktischen Seminaren weiter.

In alten Erzählungen - Märchen, Mythen, Epen ... - sprechen Menschen und Tiere, sowie Naturwesen die gleiche Sprache. Sie sehen und verstehen einander. Für gewöhnlich aber müssen wir damit leben, keine gemeinsame Sprache zu haben. Alles nur Symbolik? Oder steckt doch mehr dahinter... jedoch eine für uns im Alltagsbewusstsein verschlossene Welt?

Jörg Schreiber aus D-München, Paranormologe, Heiler, Seminare, Vorträge, www.jorgaros.de.

Baumtempel

Es gibt viele Bäume, die Eingänge zu feinstofflichen Reichen sind. Bäume sind Eingänge zu Tempeln, die lange im Verborgenen gelegen haben, menschlichem Bewusstsein unzugänglich. Je mehr wir wieder unsere feinstoffliche Natur als Wesen auf diesem Planeten entwickeln und unser Licht leben, desto leichter fällt es uns auch diese feinstofflichen Energien wieder wahrzunehmen. Wissen, das lange gehütet wurde, in diesen verborgenen Reichen, wartet auf die, die es wieder zum Wohle aller Wesen erlernen und anwenden wollen.

Die Natur überrascht mich in letzter Zeit immer öfter mit neuen Dimensionen, die sich mir eröffnen, wenn ich in der Natur bin. So hilft mir die Natur, mich wieder zu erinnern, an ihre Wunder, die sie für uns bereithält. Während meiner Ausbildung zum Lichtzentrumsleiter diesen Sommer war ich in der Schweiz und durfte an einem Baumheilertag mit Benira Niederberger miterleben, wie die Naturreiche sich nun wieder öffnen können und die Tore sich öffnen zur Anderswelt. Es gibt viel zu entdecken in der Natur, wenn wir nur unser Herz öffnen, und Kontakt aufnehmen mit den Pflanzen, den Wesen und Tieren. Die Bäume sprechen zu uns, manche brauchen auch unsere Heilung. Wenn wir unsere Fähigkeiten wiederentdecken, dann gibt es für uns viel zu tun. Die Bäume heilen uns – wir heilen die Bäume.

Wenn ihr mehr über meine Arbeit wissen wollt, dann schreibt mir einfach.
Ambika

Ambika Christen aus N-Oslo. Spirituelle Lehrerin, Feuerpriesterin, Feuerschamanin und lemurische Heilpriesterin, ambika@sacredfire.me. Arbeitsschwerpunkte: Heilung, Visionsfindung und Kraftpotential erkennen und initiieren.

Avalon ist ein Ort in der 5. Dimension - Glastonbury

"Avalon: Das Land der Goettlichen Mutter, der ewigen Mutter, die die Welten und alles in Gleichgewicht hält." Als ich letzten Donnerstag La Lumiere fuer einen 2-Tages-Besuch in England verließ, hatte ich keinen Besuch in Glastonbury geplant. Ich folgte einer Einladung von Freunden für einen Vortrag über die vergessenen Jahre von Jesus und seiner Verbindung zu England.

"In früheren Zeiten wurde Glastonbury die Insel von Avalon genannt. Es ist praktisch eine Insel umgeben von Marschland. Nach der Schlacht von Camlann trug eine Nobelfrau mit dem Namen Morgan, die die Herrscherin und Schutzherrin dieses Gebietes und eine nahe Blutsverwandte Koenig Arthurs war, ihn auf diese Insel, die heute als Glastonbury bekannt ist, um seine Wunden versorgen zu lassen. Jahre zuvor wurde dieses Gebiet auch ‚Ynys Gutrin' in Walisisch, was Insel aus Glas bedeutet, genannt. Aus diesem Namen prägten später die einfallenden Sachsen den Namen ‚Glastingebury." (unbekannte Quelle)

Es passierte am Morgen vor meinem Vortrag über "Jesus und Avalon". Ich wache oft mit Botschaften auf, die ich in meinen nächtlichen Reisen durch die geistigen Welten zurück in unsere vierdimensionalen Welten bringe. Dies sind Dinge, die ich nicht bewusst weiß, Botschaften der höheren Quelle, die häufig für mich oder andere bestimmt sind.

An diesem Morgen wachte ich mit folgender Idee auf: Warum nicht meinen Aufenthalt in England um 2 Tage verlängern? Ich fühlte mich wohl in England; nein es war mehr als Wohlfühlen und ich hatte den Eindruck, dass mich etwas erwartete. Ich traf jedoch noch keine Entscheidung.

Nach meinem Vortrag über Avalon war es jedoch klar: Ich würde bleiben und Glastonbury zum ersten Mal in meinem Leben besuchen. Ich schaute ein Jesus Bild auf dem Altar meiner Freunde an und er antwortete auf meine Frage: „Bleib! Lass uns nach Avalon gehen." Am naächsten Tag wurde ich von meinen Freunden Cara und Sarnika begleitet. Sie waren auch sehr aufgeregt.

Als erstes stiegen wir das berühmte Glastonbury Tor hinauf und meine Kommunikation mit all meinen Welten um mich herum startete augenblicklich. Die Raben dort hatten mich schon im Auto auf dem Weg zum Tor kontaktiert. Am Ort selbst fingen sie an, über dort verborgene Dinge zu sprechen. Die Steine dort waren auch sehr kommunikativ.

Was soll ich Euch sagen? Ja, ich bin was ich bin. Ich

spreche mit Tieren und Steinen, aber nicht jeder Ort auf dieser Erde ist bewusst genug, um einen offenen Kanal für diese Kommunikation zu haben. Das Glastonbury Tor jedoch war ein offenes Buch für mich und plötzlich waren die Ahninnen von Avalon in direktem Kontakt mit mir.

So passierte Heilung zwischen Himmel und Erde. Ich konnte viele verbundene Seelen beobachten, die mit der Geschichte dieses Platzes verbunden sind und die auftauchten als Teil des Heilungsrituals, das wir dort in Stille und im Einklang mit den Universellen Geistern durchfuührten.

Als wir das Tor verließen sagte ich ganz spontan: „Avalon, ich bin nicht hier."

Wir besuchten Glastonbury Village und ich hatte meinen Spaß diese übrig gebliebene Hippiegemeinschaft zu beobachten, vermischt mit Läden für die heutigen Hexen und alles andere, was die esoterische Szene so zu bieten hat. Die Leute tragen dort ihre gewählte Identität wie andere Leute ihre Jeans. Ein Jahrmarkt aus Feen, Priesterinnen der Goettin, Priester, Zauberer und mehr... Es war nun an der Zeit die berühmte Kathedrale von Glastonbury zu besuchen. Was für ein Unterschied bereits, als wir am Eingang ankamen: Heilige Stille verströmte sich aus dem Altarraum. Direkt am Eingang erwartete uns der Pilgerstab von Josef von Arimathea, Hüter der Zeiten.

Plötzlich passierte etwas mit dem Ort und mir. Ich wurde an einen Ort zwischen den Ruinen der Kirche geführt. Da stand ich nun und konnte mich sagen hören: „Hier kann ich es spüren: Avalon!"

Augenblicklich öffnete sich ein Tor zur fünften Dimension und von da an lief ich mit einer veränderten Wahrnehmung durch den Park. Ich konnte die Farben riechen, ich hörte die Bäume und sprach mit den Heilpflanzen. Dort war eine Wasserquelle, die aus einem Kelch entsprang und mein Herz war voll, als ich spürte, dass die Energie von Avalon nicht verloren war. Das Wasser sang immer noch den Gesang der Göttlichen Mutter.

Als ich so Eins war mit Zeit und Raum, fragte ich meine Freunde, ob ich ihre Stirn mit dem Wasser segnen dürfte. Als ich sie segnete, konnten sie sofort auch in den gleichen Raum der Synchronizität mit der Natur und der Göttin eintreten. Zeit und Raum verschwanden, und wir waren in diesem Raum, Priesterinnen der einen Göttin in der heiligen Erde.

Wir nahmen dort nicht wirklich wahr, wie und wann wir in diese fünfte Dimension rutschten. Dort sind Mutter Erde und die Göttin Eins, alles um uns herum ist lebendig und man kann mit den Elementen, dem Himmel und der Erde im selben Moment kommunizieren.

Da war es nun: Avalon, der ewige Ausdruck der Synchronizität von Göttin und Mutter Erde. Glück und Freude vibriert überall und das Bewusstsein jeder Pflanze und jedes Atoms ist lebendig, die Magie der Schöpfung. Und wir alle drei waren richtig glücklich.

Wir realisierten unseren Geisteszustand, und dass wir in eine andere Dimension gerutscht waren gar nicht wirklich. Wir wachten erst wieder im Auto auf dem Rückweg nach Salisbury auf, als ich plötzlich meinte: „Findet ihr nicht auch, dass die Landschaft hier anders aussieht?" Meine Freundin Cara antwortete: „ Es sieht hier so eindimensional aus."
Genau dann realisierten wir, wo wir gewesen waren. Wir hatten Avalon für einen Moment berührt, dieser Moment wird für immer in uns und vielen anderen Seelen bleiben, bis sich die Prophezeiungen erfüllt haben und unser geliebtes Avalon wieder aufsteigen wird. Ich bin mir sicher, diese Zeit ist nicht sehr weit entfernt...

Durga Holzhauser aus F-Bagnols en Forêt, Alpha Chi Consultant Ausbilderin, Spirituelle Lehrerin, www.fengshuivision.com. Arbeitsschwerpunkte: Durga hat über Jahrtausende die wahre Geschichte von Jesus bewahrt. Ihre Erinnerungen teilt sie mit uns im Buch „Jesus, Das Buch", www.jesus-das-buch.com.

Marienplatz mit Marienengel

Es war Ende November 2009, als ich in Karlsruhe in der Günter-Klotz Anlage unterwegs war, um für meine suraya-buecher.de-Website ein paar Baumgesichter zu fotografieren, an denen ich täglich vorbeispazierte. Zur großen Fotosession kam es leider nicht, denn der Akku meines Fotoapparates war leer. Jedoch erwartete mich etwas Großartiges...

Als ich zwischen den Bäumen umher schlenderte und sie begrüßte, bemerkte ich eine Stelle direkt am See. Sie unterschied sich von der restlichen Rasenfläche, denn dort wuchsen - es war Ende November - viele kleine Gänseblümchen. Mein Blick blieb an ihnen hängen, wie von einem Magneten angezogen. Ich spürte, dass dies ein ganz besonderer Ort war. Ich wusste, dass die Gänseblümchen ein Indiz dafür waren, dass dort Marienenergie war. Dieses Wissen war plötzlich da. Inzwischen habe ich gelesen, dass Gänseblümchen seit Urzeiten von den Menschen bestaunt und als heilig gehalten wurden. Sie gelten als Blumen der Großen Göttin, und weil im Christentum Maria für die Große Göttin steht, werden sie Marienblumen genannt.

Ich ging weiter zu den Bäumen in der Nähe dieser magischen Stelle. Ich begrüßte auch sie und sah erst an jenem Tag vollends ihre Baumgesichter.

Deutlich erkannte ich sie als zwei Wächter-Bäume, die ein Tor bildeten, und einen Hüter-Baum. Die beiden Wächter teilten mir mit, es sei ihre Aufgabe, negative Energien, die von der Umgehungsstraße und dem Industriegebiet ausgingen, fernzuhalten. Ich durchschritt das Tor, das sie bildeten - es führt auch ein Parkweg hindurch – und begrüßte den Hüter-Baum. Es schien, als weckte ich ihn aus einem langen Schlaf. Anfangs brummelte er unverständliche Worte. Er hüte ein Lichttor, das Tor zum Platz der Marienenergie, welches ich durchschreiten solle, vernahm ich kurz darauf.

Ich schloss die Augen und erkannte ein hell erleuchtetes Tor, ich ging hindurch. Weiter gelangte ich über einen Pfad zum Platz der Marienenergie. Beides, Pfad und Platz waren ebenso wie das Tor hell erleuchtet und in unserer Welt unsichtbar. Ich empfand es als sehr mystisch, denn solch eine Situation hatte ich noch nicht erlebt. Ich bewegte mich gleichzeitig in zwei Welten. Den anderen Parkbesuchern schien es, als überquerte ich die Wiese, doch gleichzeitig bewegte ich mich in einer für sie unsichtbaren, parallelen Welt.

Am Platz der Marienenergie angekommen, hatte ich den Impuls die Erde mit meinen Händen zu berühren. Ich nahm Verbindung mit Mutter Erde auf und spürte, dass ich die Energie meiner Liebe aus dem Herzen über meine Arme und Hände in die

Erde einfließen lassen sollte. Meine Liebe stieß auf Widerstand. Dicke Schichten aus Beton, so fühlte es sich an, versperrten den Weg ins Erdinnere. Auch konnte ich mich nicht zu 100% konzentrieren. Ich hatte vergessen, meine geistige Führung um Hilfe zu bitten; sie zu bitten, ein Licht um mich zu legen, das mich liebt und schützt und das nur Licht und Liebe hindurch lässt. Als ich dies tat, konnte ich meine Aufgabe erfüllen. Wie feine Lichtfäden durchdrang meine Liebe die verhärteten Erdschichten und bahnte sich ihren Weg ins Innere. Einige Minuten lang ließ ich meine Liebe ins Erdreich fließen, bis ich intuitiv spürte, dass es genug war.

Ich erhob mich, um nachzuspüren, ob meine Heilung etwas verändert hatte. Die Überraschung war groß: Direkt unter meinen Füßen entsprang eine kleine energetische Fontäne, die stärker wurde und deren Energie mich nach oben drückte. Erden war angesagt! Ich hatte nicht das Gefühl, von der Stelle weichen zu müssen, es war eine sehr angenehme Energie. Ich fuhr meine imaginären Wurzeln aus, verankerte mich und genoss die Situation. Ich empfand die aufsteigende Marienenergie als feine, prickelnde Energie. Entlang meiner Wirbelsäule stieg sie empor bis zum Kronenchakra und bildete eine schmale Säule, die in den Himmel wuchs.

Weitere fünf Male kehrte ich an diesen Ort zurück, um die Erdheilung zu wiederholen und vergrößerte dabei stark den Durchmesser der Energiesäule. Jedes Mal betrat ich den Platz auf dieselbe Weise, vorbei an den Wächter-Bäumen und dem Hüter-Baum gelangte ich durch das Lichttor zum Marienplatz. Als ich die Stelle das 2. Mal besuchte, hatte sich die Energiesäule bereits mit dem Himmel verbunden. An jenem Tag verankerte ich zusätzlich die beiden Engelenergien Erzengel Gabriel und den Engelstrahl der Elohime, wie ich es in der Engel-Ausbildung Karuna Malachem (www.karuna-malachem.com) gelernt hatte. Beide Engelenergien unterstützten den Erdheilungsprozess und wirken noch heute positiv auf jeden Menschen, der sich am Marienplatz aufhält.

Regelmäßig besuchte ich diesen Ort und spürte die prickelnde Energie entlang meiner Wirbelsäule. Die Marienenergie löst bei uns Menschen verhärtete Schichten auf, damit Liebe ungehindert fließen kann, und stärkt weibliche Aspekte. Dies ist unabhängig unseres Geschlechts, sowohl für Männer als auch für Frauen gleichermaßen wichtig. Dieser Marienplatz ist als öffentlich-zugängliche Stelle inmitten eines Parks ein wunderbarer Kraftort, den viele Menschen nutzen sollten. Die Stelle kann nun von allen Seiten betreten werden, Zugang über Lichttor und Pfad ist nicht notwendig. Anhand der nachfolgenden Fotografien dürfte der Ort leicht zu finden sein.

Als ich den Marienplatz gemeinsam mit einer Freundin besuchte, erkannte sie aus der Ferne einen großen Marienengel. Als wir an Ort und Stelle in die Energie hineinspürten, fühlte sie eine starke Geborgenheit. Sie empfing das Bild einer geschlossenen Seerose, die sie zuerst vollkommen umgab und sich danach langsam öffnete.

Suraya aus CH-Brione s/M. Freiraumplanerin, Alpha Chi Consultant, Autorin, www.suraya-la.com. Arbeitsschwerpunkte: Gartengestaltung mit energetischem Feng Shui, Landschaftsheilung.

≫ einer der beiden Wächterbäume

Hüterbaum des Lichttors ≫

Kraftplatz mit Marienenergie ⩘

Marienplatz nahe Promenade ⩘

Danksagung

Meine Lieben, die Ihr alle dieses Buch ermöglicht habt: Vielen, vielen Dank!

Ich möchte allen Autoren danken, die uns an ihren Erlebnissen teilhaben ließen. Weiter danke ich allen Wesen, die mit uns in Kontakt traten und den „Stoff" lieferten für all diese berührenden Geschichten. Vielen Dank für Euren Mut und Eure Liebe! Und abschließend bedanke ich mich natürlich bei meinen geistigen Helfern und allen himmlischen Kräften, die mich unterstützten, dieses Buch zu realisieren. Vielen Dank für Eure Führung, Liebe und Geduld, ohne die ich nicht mehr leben könnte!

Mögen alle Wesen in allen Welten glücklich sein!

Suraya

Anhang

Bildnachweis:

Foto Seite 47, Baum © Benira Niederberger
Foto Seite 59, Zwerg © Andreas Lohmann
Foto Seite 81, Bäume © Ambika Christen
Foto Seite 107, Steingesicht © Suraya
Bild Seite 111, Drachen Fötus © Yona
Foto Seite 143, Baumgesichter © Suraya
Foto Seite 145, Baumwurzel © Suraya
Fotos Seite 162, Baumgesichter © Suraya
Fotos Seite 163, Kraftplatz © Suraya

Bücher bequem online bestellen unter
www.suraya-buecher.de

Suraya

Glücklich SEIN

Wahre Freude, Liebe, Frieden und Weisheit in sich finden.

Taschenbuch · 156 Seiten · ISBN: 9783839115633 · BoD

Wünschen Sie sich ein Leben voller Freude und Harmonie? Suchen Sie inneren Frieden und das Gefühl bei sich selbst angekommen zu sein? Auf Ihrem Weg ins Glück, kann Ihnen dieser Ratgeber sehr hilfreich sein. Er lehrt Sie Ihres Glückes Schmied zu sein. Sie übernehmen Eigenverantwortung und gestalten aktiv Ihr Leben. Sie befreien sich von Ihrem Ego-Verstand und erkennen Ihr wahres Selbst. Sie finden wahre Freude, Liebe und Frieden, die der Quelle des SEIN entspringen. Sie entdecken Kreativität und Weisheit, die Stille offenbart. Sie leben achtsam im Moment und erfahren die Kraft der Gegenwart.

Suraya

mit Engeln leben

Lass Dich führen und begleiten

Taschenbuch · 108 Seiten · ISBN: 9783839128619 · BoD

Engel wandeln seit Anbeginn der Zeit auf unserem Planeten Erde, sie beschützen und führen den Menschen.
Innere Engel, beleben die Chakren des inneren, menschlichen Körpers. Arbeiten wir mit ihnen, so aktivieren wir
unsere Selbstheilungskräfte. Bestimmte Engel heilen
nicht nur den Menschen, sondern durch ihn auch die
Natur. Wir können anderen Menschen Heilung zukommen lassen, indem wir ihnen Engel schicken. Laden wir
Engel bewusst in unser Leben ein, so unterstützen sie
uns tatkräftig im Alltag. Auf der Internetseite zum Buch,
können die LeserInnen von ihren Erlebnissen berichten.

Suraya

mit Naturwesen leben

Wichtel, Kobolde, Elfen, Feen & Co.

Taschenbuch · 108 Seiten · ISBN: 9783839128718 · BoD

Dank dem fleißigen Wirken der Naturwesen, strahlt die Natur Lebendigkeit und Schönheit aus. Wir können die Wesen der Natur auch in unser Leben einladen, denn sie möchten uns gerne unterstützen. Durch den Kontakt mit ihnen üben wir uns in Achtsamkeit, kommen im Jetzt und bei uns an. Ihre Weisheit lehrt uns, der Natur und uns selbst Gutes zu tun. Gerne möchten uns Elfen, Feen und Elemente Heilung schenken. Die Autorin stellt unterschiedliche Naturwesen und deren Lebensräume vor. Anhand zahlreicher Übungen und praktischer Tipps, lehrt sie uns Kontakt aufzunehmen.